知識ゼロからの日蓮入門

立正大学名誉教授
渡辺宝陽

『立正安国論』
『開目抄』
『観心本尊抄』
『撰時抄』
『報恩抄』

幻冬舎

知識ゼロからの

日蓮入門

『知識ゼロからの日蓮入門』目次

序章

日蓮の基礎知識

日蓮宗の開祖である日蓮とは
どんな人物だったのでしょうか。
日蓮をとりまく人物との
関係も含めて紹介します。

日蓮の人物像

日本の思想・宗教史に
巨大な足跡を残す
鎌倉時代を代表する宗教的巨人

日蓮

1222〜1282年
61歳で入滅《にゅうめつ》

大難に次ぐ大難の人生

戦乱と激動の世紀である十三世紀を生きた日蓮の人生は、大難に次ぐ大難の連続でした。天災や飢饉、疫病が相次ぎ、人々が塗炭の苦しみに直面していた時代を、日蓮は、「災いの根本原因は、釈尊《しゃくそん》が乱れた世を救う『法華経《ほけきょう》』の教えを見失ったためである」とし、前執権《しっけん》の北条《ほうじょう》時頼《ときより》に『立正安国論《りっしょうあんこくろん》』を奏進したのです。

隣国はモンゴル人の政権となり、北はモスクワ、西はトルコへ版図を広げます。内外の混乱に直面した支配層や宗教界要人は、日蓮を伊豆・佐渡に流し大小の法難を与えますが、逆に日蓮は、「法華経の行者」の自覚に目覚めます。弟子や信徒から厳父・慈母のように慕われつつ救いを伝え続け、夫や息子を亡くした婦人や病気に苦しむ人々を徹底して激励したのです。

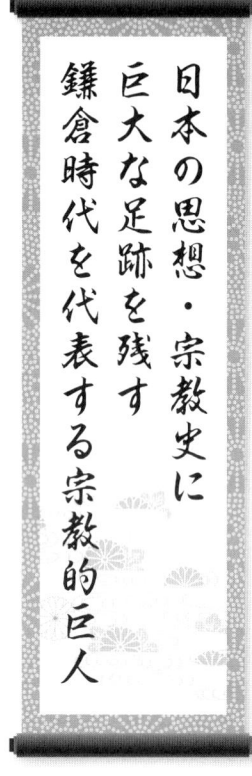

日蓮の6大キーワード

キーワード1 日蓮宗の開祖

日蓮宗とは日蓮を宗祖とする宗派。日蓮の没後、六老僧らを中心に各地で日蓮の教えを広め、教団が形成されました。

キーワード2 上行菩薩《じょうぎょうぼさつ》

『法華経』を身をもって読むことで、自身が法華経に説かれた地涌《じゆ》の菩薩《ぼさつ》の上首、上行菩薩の応現であるとの自覚を得ました。

キーワード3 立正安国《りっしょうあんこく》

主著『立正安国論』で説かれた思想。正しい教え（＝『法華経』）を根幹に据えることで、理想的な社会を実現できるとしました。

キーワード4 南無妙法蓮華経《なむみょうほうれんげきょう》

直訳は、『法華経』に南無（帰命《きみょう》）すること。この七字を受持《じゅじ》すれば、久遠仏陀《くおんぶつだ》釈尊の究極の救いと一体となると説きました。

キーワード5 三大誓願《さんだいせいがん》

日蓮は『法華経』の教えを広める立教開宗の際、「我《わ》れ日本の柱とならむ…眼目《がんもく》とならむ…大船《たいせん》とならむ」という誓いを立てました。

キーワード6 四大法難

念仏者らに襲撃された松葉ケ谷《まつばがやつ》法難と小松原《こまつばら》法難、伊豆への流罪《るざい》、龍口《りゅうこう》法難＋佐渡《さど》流罪を、四大法難と呼びます。

地図で追う日蓮の人生の軌跡

修行時代は比叡山《ひえいざん》へ遊学。
政都・鎌倉での法難、
佐渡流罪《さどるざい》を経て、
晩年は身延《みのぶ》へ。

流罪になり佐渡へ
流罪地の佐渡でも、多数の信徒が誕生しました。
身延《みのぶ》への入山と弟子の育成
隠遁《いんとん》生活とはほど遠く、弟子の育成や信徒の激励に力を注ぎました。
布教時代は鎌倉が拠点
鎌倉に居を定め、下総《しもうさ》、故郷の安房《あわ》(現在の千葉県南部)などでも布教活動を行いました。
修行時代は畿内へ遊学
比叡山を中心に、京都、奈良などへも足を伸ばしました。

1 修行時代

安房・清澄寺《せいちょうじ》で出家。鎌倉で学んだのち、比叡山を中心に、畿内へ遊学し、学びました。大乗経典《だいじょうきょうてん》を含む大蔵経《だいぞうきょう》（仏典の大叢書《そうしょ》）を研鑽《けんさん》し、法華経《ほけきょう》第一の確証を得ました。

2 布教の日々

立教開宗の後、鎌倉で本格的な布教活動を開始し、有力な弟子・信徒が次々と門下になりました。『立正安《りっしょうあん》国論《こくろん》』奏進に始まる諫暁で多くの反感を買い、大難の連続に遭い、ついには佐渡流罪へ。

問題の根源は
法然の
念仏思想だ！
どよっ

3 身延での晩年

赦免後、鎌倉で幕府の有力者と面談したのち、甲斐国《かいのくに》（現在の山梨県）の身延へ入山。門下の訓育に取り組み、試練を受けた四条金吾《しじょうきんご》、池上兄弟らに信仰の道を指導しました。

悔いのない人生

日蓮は比叡山・畿内への遊学を経て、建長五年（1253）に清澄寺で立教開宗。その後、鎌倉に移り、本格的な布教活動を始めました。法然《ほうねん》を「一凶」と断じた『立《りっ》正安国論《しょうあんこくろん》』を奏進したことで、有力者の反感を買い、大難の人生が始まりました。松葉ケ谷《まつばがやつ》法難はかろうじて逃れたものの、伊豆へ流罪されます。

　蒙古《もうこ》の使者が到来したことを契機に、ふたたび諫暁《かんぎょう》（いさめ）を進め、龍口《りゅうこう》法難から佐渡流罪へ。龍口法難を経て自身が上行菩薩《じょうぎょうぼさつ》の応現であるとの自覚を得ました。赦免後、身延へ入山、弘安五年（1282）、武蔵国池上《むさしのくにいけがみ》で激動の生涯を終えました。

日蓮をとりまく人々

釈尊《しゃくそん》
インドで『法華経《ほけきょう》』を説いた久遠《くおん》の教主。

天台大師《てんだいだいし》
智顗《ちぎ》。仏教が『法華経』に帰結することを明かす。
（中国天台宗の開祖）

伝教大師《でんぎょう》
『法華経』を中心とする天台大師の教義を受け継ぐ。
（日本天台宗の開祖）

日蓮

批判
弘法《こうぼう》
字《あざな》は空海《くうかい》。日本真言宗の開祖。
日蓮はその門流を批判している。

批判
法然《ほうねん》
字は源空《げんくう》。日本浄土宗の開祖。
念仏を称え、極楽往生《ごくらくおうじょう》を説いた。

批判
大日能忍《だいにちのうにん》
日本達磨宗の祖。
栄西《えいさい》と同時代の人。
法然と並んで禅宗の展開に寄与した。

批判
極楽寺良観《ごくらくじりょうかん》
字は忍性《にんしょう》。真言律宗を鎌倉に広めた。福祉事業を盛んに行った。

諌暁
北条時頼《ほうじょうときより》
北条氏得宗《とくそう》。第５代執権。
入道して最明寺《さいみょうじ》。
日蓮は『立正安国論』を奏進して諌暁《かんぎょう》した。

諌暁
北条時宗《ときむね》
蒙古《もうこ》襲来時、鎌倉幕府第８代執権。
日蓮はその直前、「諌状」を呈した。

幼少時の師
道善房《どうぜんぼう》
清澄寺《せいちょうじ》の住僧。
日蓮幼少時の師。

比叡山での学師
俊範《しゅんぱん》
一説では
比叡山横川《ひえいざんよかわ》での学師。
日蓮は横川で仏教研鑽《けんさん》。

幼少時の兄弟子
浄顕房《じょうけんぼう》
義浄《ぎじょう》（城）房《ぼう》
のちに、日蓮に帰信。
清澄寺で協力。

攻撃
東条景信《とうじょうかげのぶ》
小松原《こまつばら》法難で
日蓮を襲撃。
念仏信徒。

仲介
宿屋入道《やどやにゅうどう》
法名、最信。
『立正安国論《りっしょうあんこくろん》』奏進を北条時頼に取り次ぐ。

文書保管
富木常忍《ときじょうにん》
『観心本尊抄《かんじんほんぞんしょう》』『立正安国論』をはじめ、日蓮の直筆の保管に務めた。

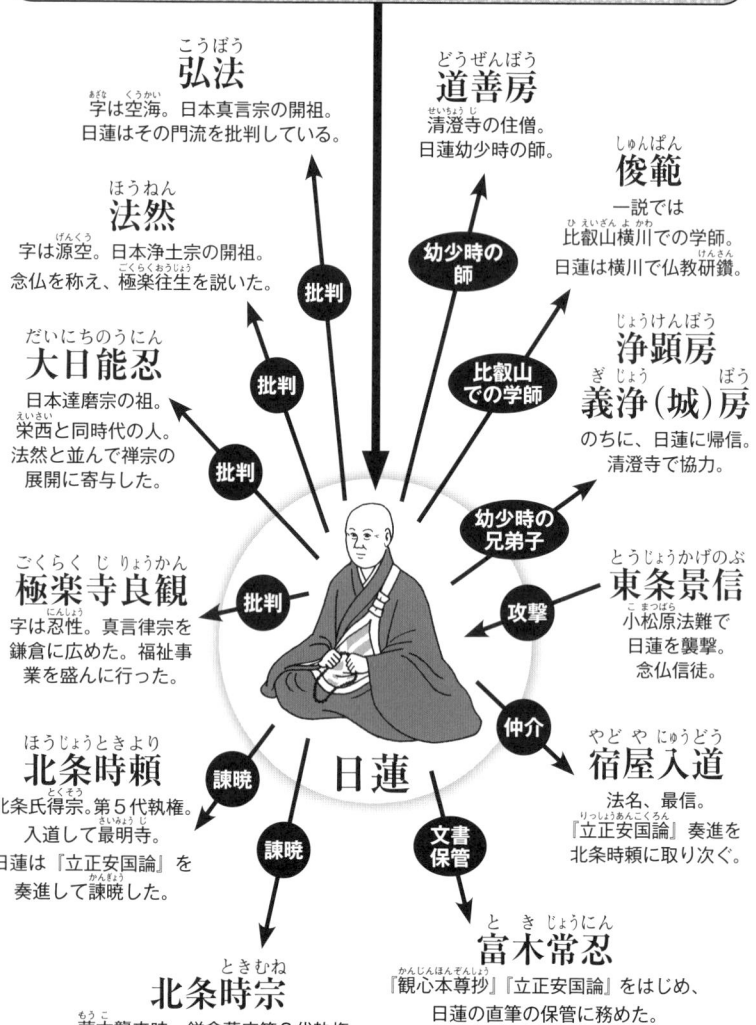

日蓮の弟子・信徒

六老僧

日昭《にっしょう》	日蓮の最初の弟子。常に日蓮を背後から補佐。
日朗《にちろう》	龍口《りゅうこう》法難の後、他の弟子とともに土牢に幽閉される。門下の日像《にちぞう》は、日蓮の京都弘通《ぐずう》の遺命を実現。
日興《にっこう》	駿河国《するがのくに》を中心に布教に成果を上げる。
日向《にこう》	日蓮滅後、身延山《みのぶさん》で学頭職《がくとうしょく》を務める。
日頂《にっちょう》	佐渡流罪《さどるざい》の日蓮に付き添う。
日持《にちじ》	海外の布教を志し、大陸への渡航を果たしたともいわれる。

おもな信徒

富木常忍
太田乗明《おおたじょうみょう》
曽谷教信《そやきょうしん》
池上宗仲《いけがみむねなか》
大学三郎《だいがくさぶろう》
四条金吾《しじょうきんご》
波木井実長《はきいさねなが》
南条時光《なんじょうときみつ》
船守弥三郎《ふなもりやさぶろう》
工藤吉隆《くどうよしたか》
阿仏房日得《あぶつぼうにっとく》
西山殿《にしやまどの》
松野六郎左衛門《まつのろくろうざえもん》
領家尼《りょうけのあま》

日蓮の教えが込められた重要書物・手紙

五大部

『立正安国論《りっしょうあんこくろん》』

第５代執権《しっけん》・北条時頼《ほうじょうときより》への諫暁《かんぎょう》（いさめ）の書。人々を悩ます天災地変・飢饉疫病の原因を多くの仏典に尋ね、『法華経《ほけきょう》』の教えに目覚めよといさめました。

『開目抄《かいもくしょう》』

末法の衆生《しゅじょう》に『法華経』の真実に目覚めること（「開目」）を促し、日蓮半生の行実が「法華経の行者」であることを顕《あきら》かにするものだと宣言しました。

『観心本尊抄《かんじんほんぞんしょう》』

どんな人間にも仏性があることを信じて、題目《だいもく》を受持《じゅじ》する意義。そして、久遠釈尊《くおんしゃくそん》の境地に照らされた本尊の意義。それを信受したとき、いまを生きる道が見えると説きました。

『撰時抄《せんじしょう》』

蒙古《もうこ》襲来に動揺する門下に、いまこそ『法華経』の真義が広まると予定された「時」であると、かねてより説いてきたことを思い起こすように門下に促した書。

『報恩抄《ほうおんしょう》』

日蓮の『法華経』宣布によって、末法万年の衆生に題目受持の功徳《くどく》の意味が確立し、その功徳が、少年時代の恩師・道善房《どうぜんぼう》への報恩に結ばれることが説かれています。

書状

「種種御振舞御書《しゅじゅおんふるまいごしょ》」

文永五年（1268）の蒙古《もうこ》国書到来によって、『立正安国論』の予言的中から『法華経』宣布に伴う受難を回顧した、いわば自伝の書です。身延山《みのぶさん》での内面的生活なども書かれています。

図録

「一代五時図《いちだいごじず》」

華厳《けごん》、阿含《あごん》、方等《ほうどう》、般若《はんにゃ》、法華・涅槃《ねはん》（５つの時間帯）の釈尊の説法を基とする各宗派を展望した図録。「一代五時鶏図《けいず》」と名づけて発展的に示されています。

日蓮物語（一）
―立教開宗で、激闘の生涯が始まった―
安房国《あわのくに》の清澄寺《せいちょうじ》
天台宗の古刹《こさつ》 光仁《こうにん》天皇の宝亀二年 不思議法師という 僧侶が小堂を建て 自ら彫刻した虚空蔵菩薩《こくうぞうぼさつ》を 安置したことに始まる
清澄寺
お前は今日から ここでしっかり 勉強するのよ
はい お母さま
天台宗の慈覚《じかく》が再建し 天台宗の寺院とした
日蓮は十二歳で ここへ登った
仏教は釈尊《しゃくそん》が説いた 教えなのに なぜ八宗《はっしゅう》にも十宗《じっしゅう》にも 分かれているのか
どの宗派も国の安泰 民の幸福を 祈っているのに なぜ災いが続くのか
どうしても わからない
日蓮は 清澄寺の本尊である 虚空蔵菩薩に祈った
どうか日本第一の 智者《ちしゃ》にしてください

お前の望みを叶えてやろう
ありがとうございます
よし
比叡山《ひえいざん》で勉学に励むぞ
何が正しいのか
何が誤っているのか
わかったぞ
ふむ
しかし
裏付けが必要だ
ぐっ
比叡山延暦寺《えんりゃくじ》（滋賀県）
伝教大師最澄《でんぎょうだいしさいちょう》が開いた
仏教の根本道場
単に一宗派の中心ではなく
今日の大学院大学のような
「知の最高学府」だった
法然《ほうねん》、親鸞《しんらん》らも
延暦寺で学んだ

日蓮は比叡山だけでなく京都南都《なんと》(奈良)の大寺院にも足を運び
経典や裏付けとなる文献に目を通した
建長五年四月日蓮は十二年ぶりに清澄寺《せいちょうじ》に帰還した
ただいま戻りました
よく、帰ってきたな見違えるようにたくましくなった
四月二十八日に帰山報告を兼ねた説法会《せっぽうえ》を開くことにした
ありがとうございます
この頃蓮長《れんちょう》から日蓮へと名前を改める
日月《にちがつ》と蓮華いずれも『法華経《ほけきょう》』の奥義を意味するすでに「法華経の行者」としての自覚に目覚めていたのだ
日蓮は説法会の一週間前から部屋にこもり講話の内容に思索をめぐらした

朝日だ！
南無《なむ》妙《みょう》法《ほう》蓮《れん》華《げ》経《きょう》！
南無妙法蓮華経！
南無妙法蓮華経！
正午開かれた説法会《せっぽうえ》には
山内の大衆だけでなく
近隣からも老若男女が集まっていた
日蓮は第一声に
大集経《だいじっきょう》の末法《まっぽう》の時代を説き
闘いが盛んで
正しい教えが失われて
しまった時代である
とした

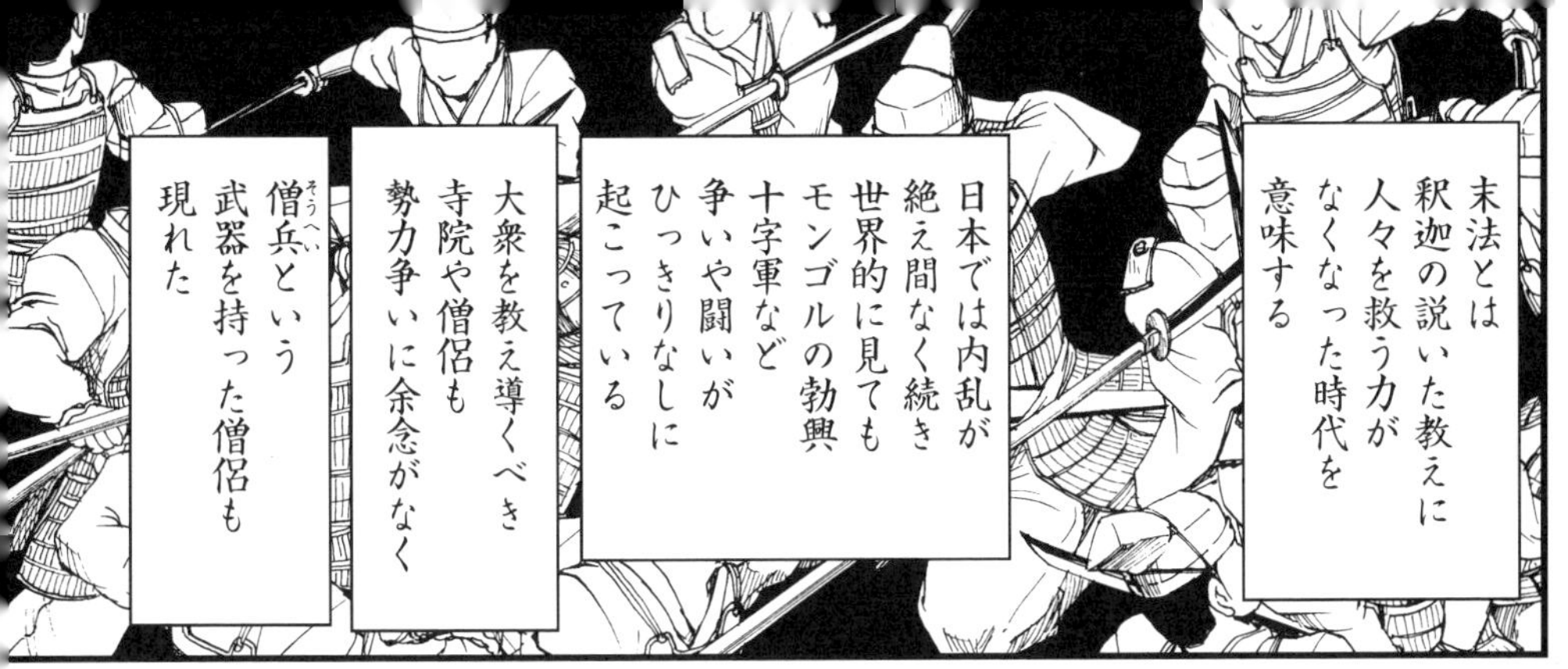

厭世《えんせい》思想　＋　末法思想　→　念仏思想
何をやっても仕方がない　→　無気力
何をやっても念仏を称《とな》えれば許される→刹那的・享楽的

法然《ほうねん》は浄土三部経《じょうどさんぶきょう》以外の経典では救われないというがお釈迦様の導きは広大なのだ
『法華経《ほけきょう》』をそしればかえって地獄に堕《お》ちる
ゆえに日蓮は警告する
念仏に頼ることなく『法華経』に帰依《きえ》せよ！
日蓮はなんということをいうのじゃ
困りましたななんとかしてやめさせなければ
念仏を非難するのはやめよ
いまさら遅いわ
念仏の強信者として知られる地頭東条景信《とうじょうかげのぶ》の屋敷
殿！清澄寺《せいちょうじ》の若僧がけしからんことを申しております！
なにぃっ

ほかの坊主は止めようとしなかったのか？
はい
聴いているばかりで誰も何も言いません
その坊主だけでなく清澄寺の坊主も召し捕ろう
みなの者続け！
真理はただひとつ太陽のようなものだ
末法《まっぽう》にあって救済の力を持っているのは『法華経』だけである『法華経』に帰依せよ
終わったか
このままで済むまい…どうなることか
道善房《どうぜんぼう》さま！
地頭・景信さまがえらい剣幕で日蓮を召し捕りにきます
なんてことだ日蓮を差し出すわけにはいかん
さぁ
逃げなさい
こちらへ
ありがとうございます

日蓮という坊主はどこだ！
日蓮は破門し山から追放いたしました
ええぃ間道にも網を張れ絶対に逃すな
そのころ日蓮は山中の間道を通って逃走
西条領東条領の境の川を渡る
西条領にある清澄寺《せいちょうじ》の坊「青蓮坊《しょうれんぼう》」
この坊でしばらく身を隠していてください
のちに日蓮は、このときの義浄《ぎじょう》(城)房《ぼう》・浄顕房《じょうけんぼう》の働きに感謝、お礼の言葉を述べている
この後
日蓮は本格的な布教を開始するために政都・鎌倉へ渡る
鎌倉へは船で移動したようだ

第1章

日蓮の生涯

数多くの法難を受けながらも
信念を貫き通し、
決して屈しなかった日蓮。
誕生から入滅《にゅうめつ》までの
激動の生涯を紹介します。

求道形成
1歳

日蓮の生誕

安房国小湊の漁夫の子として生まれる

末法万年の長夜《じょうや》を照らし出す巨大な日輪が顔をのぞかせました。承久四年（1222）二月十六日、日蓮は安房国《あわのくに》（現在の千葉県南部）長狭郡東条郷《ながさのこおりとうじょうのごう》の小湊《こみなと》で産声《うぶごえ》を上げます。

一説には父は三国《みくに》（貫名《ぬきな》）氏とされていますが、自身が「日蓮は安房の国東条片海《かたうみ》の石中《いそなか》の賤民《せんみん》が子なり。威徳《いとく》なく有徳《うとく》のものにあらず」と述べているように、生涯、庶民の家に生まれたことを、誇りにしていました。

1175年
法然、浄土宗を開く
1224年
親鸞、浄土真宗を開く
京都
鎌倉
小湊
1222年
日蓮誕生

日蓮が生まれた時代

和暦	西暦	
仁安二	1167	平清盛、太政大臣となる。このころ、平氏全盛期
安元元	1175	法然、浄土宗を開く
治承三	1179	平清盛、後白河法皇を幽閉
治承四	1180	南都焼き討ち 源平の争乱開始
文治元	1185	平氏、壇の浦にて滅亡
建久三	1192	源頼朝、征夷大将軍となり、鎌倉幕府を開く
建久九	1198	法然、『選択本願念仏集』を著す
正治元	1199	源頼朝没。頼家が家督を継ぐ
建暦二	1212	法然没
承久三	1221	承久の乱 後鳥羽・順徳・土御門上皇が討幕計画を企てるも失敗。それぞれ隠岐・佐渡・土佐に流罪となる
承久四	1222	**日蓮誕生**
貞応二	1223	道元、入宋
元仁元	1224	親鸞、『教行信証』を著し、浄土真宗を開く
安貞元	1227	道元、宋より帰国し、曹洞宗を開く
寛喜三	1231	道元、『正法眼蔵』を著す

承久《じょうきゅう》の乱

日蓮が生まれる前年（承久三年）、後鳥羽上皇《ごとばじょうこう》は鎌倉の北条義時《よしとき》を討つために院宣《いんぜん》を発し、兵を起こしました。ところが、朝廷方は、あえなく敗れ、後鳥羽上皇は隠岐《おき》、順徳《じゅんとく》上皇は佐《さ》渡《ど》、土御門《つちみかど》上皇は土佐《とさ》へ流罪《るざい》に。朝廷の権威は失墜し、実権が武士の手に移った画期的な出来事となりました。

八宗、十宗とは

13世紀の主たる日本仏教の宗派のこと。三論《さんろん》宗、成実《じょうじつ》宗、法相《ほっそう》宗、倶舎《くしゃ》宗、華《け》厳《ごん》宗、律《りっ》宗の南都六宗に、伝教大師《でんぎょうだいし》最《さい》澄《ちょう》が立てた天台宗、弘法大師空海《こうぼうだいしくうかい》が立てた真言宗を加え、八宗《はっしゅう》。さらに大日《だいにち》、道元《どうげん》、栄西《えいさい》らが立てた禅宗と法然が立てた浄土宗を加え、十宗《じっしゅう》となります。

法然《ほうねん》

日本浄土宗《じょうどしゅう》の開祖。字《あざな》は源空《げんくう》。日蓮誕生の10年前、建暦二年（1212）に亡くなりました。『選択本願念仏集《せんちゃくほんがんねんぶつしゅう》（選択集）』を著し、称名《しょうみょう》念仏によって極楽浄土に往生できることを説きました。日蓮は、『立正安国論』で法然と『選択集』を「此《こ》の一凶《いっきょう》」と断じています。

求道形成
16歳

清澄寺で出家

道善房を師として正式に出家、名を是聖房蓮長に改めた

すくすくと成長した日蓮は十二歳になると、生家から十数キロ離れた山中にある天台宗系の寺院、清澄寺《せいちょうじ》に預けられ、修学を開始しました。十六歳のとき、道善房《どうぜんぼう》を師として正式に出家得度《しゅっけとくど》し、名前を是聖房蓮長《ぜしょうぼうれんちょう》と改めました。

このころ、蓮長は清澄寺の本尊である虚空蔵菩薩《こくうぞうぼさつ》に「日本第一の智者《ちしゃ》となし給へ」と一心に祈願します。もともとは釈尊《しゃくそん》ひとりから出発した仏教が、なにゆえに八宗《はっしゅう》、十宗《じっしゅう》にも分かれているのか、正しい宗派・経典は、いったい何なのか、真剣な思索が続きました。

そうした勉学の末、蓮長は夢うつつの中、虚空蔵菩薩から「明星《みょうじょう》の如《ごと》くなる大宝珠《だいほうじゅ》」を右の袖に受け取る体験をします。その結果、八宗と一切経《いっさいきょう》（すべての仏典）の勝劣《しょうれつ》がほぼ明らかになりました。

さらに、いっそうの研鑽《けんさん》を期した蓮長は比叡山《ひえいざん》遊学を決意します。

清澄寺

千葉県鴨川市にある日蓮宗の大本山。13世紀当時は虚空蔵菩薩を本尊とする天台宗系の寺院だった。蓮長が苦しい思索を重ねている最中、血を吐いたところに、血のような黒点入りの笹が生え、「凡血《ぼんけつ》（凡夫《ぼんぷ》の血）の笹」と呼ばれるようになった、との伝説が残っている。（写真・清澄寺）

虚空蔵菩薩とは？

虚空蔵菩薩は大宇宙に遍在する「功徳《くどく》」と「智慧《ちえ》」を体現した菩薩。

「明星の如くなる大宝珠」を頂戴した蓮長は、その後鎌倉、比叡山に遊学し、仏教の体系的研鑽を深めていきます。天台大師智顗《てんだいだいしちぎ》は、仏陀釈尊《ぶっだしゃくそん》は華厳経《けごん》→阿含経《あごん》→方等《ほうどう》部諸経典→般若経《はんにゃ》→法華経《ほっけ》・涅槃《ねはん》経の五つの時間帯において諸経典を説いたとする意義を研鑽し、『法華経』に集約される深い意味を確かめました。そしてかねてからの疑問であった「八宗と一切経の勝劣がほぼ明らかになった」のです。蓮長はその基本に立った仏教解釈を展開します。

同時に、蓮長はその内容を「一《いち》代《だい》五《ご》時《じ》図《ず》」として図示し、さらにそれを深めた「一代五時鶏図《けいず》」を遺しています。そしてさらに深い『法華経』理解を確かめ、「法華経の行者」の使命に目覚めるのです。

求道形成
21歳

比叡山・畿内で仏教研鑽

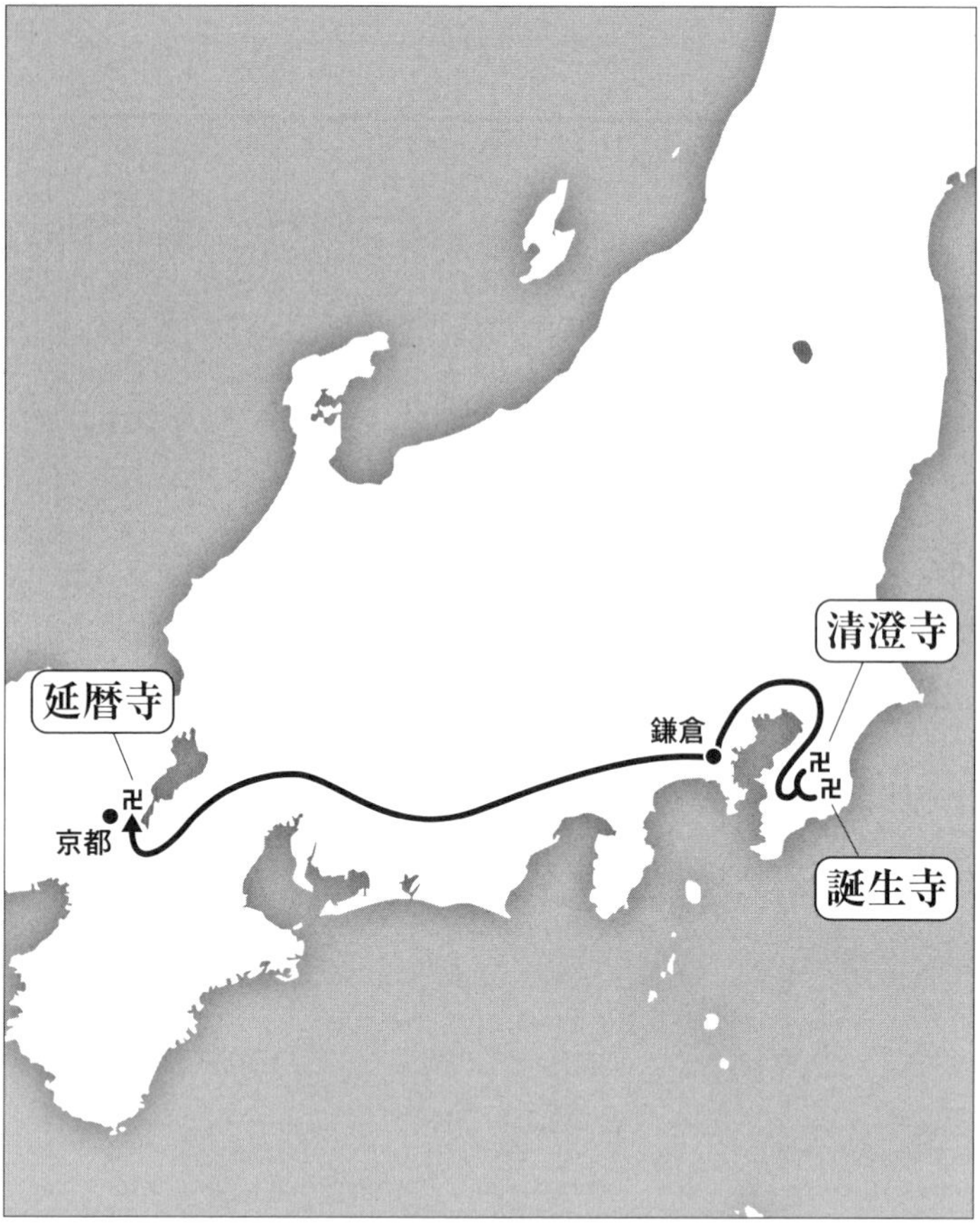

はじめは鎌倉、さらには近畿へと研鑽の旅に

日蓮は修行を深め、仏教をさらに学ぼうと、鎌倉から比叡山《ひえいざん》に遊学します。さらに「二十余年が間、鎌倉・京・叡山（比叡山）・園城《おんじょう》寺《じ》・高野《こうや》（山《さん》）・天王寺等」の国々・寺院を巡り、修学に努めました。足跡は京都、奈良、大阪など近畿一円に及んでいます。

仏教経典のすべて（一切経《いっさいきょう》）のほか、インド、中国の高僧の著した文献、『論語』や中国の史書、『日本書紀』『万葉集』など、内外の古典も徹底的に学びました。

正法・像法・末法の３つの時代

釈迦入滅後の仏教の展開

正法《しょうぼう》

釈尊《しゃくそん》（釈迦の敬称）滅後1000年間には仏の教えが正しく受け継がれ、教（仏の教え）・行（修行）・証（悟りの境地）の３つがそろっていた時代という認識。

像法《ぞうぼう》

正法の次の1000年。仏の教えが形骸化していき、教・行はありますが、証がありません（いくら修行に熱中しても悟りを得ることができません）。

末法《まっぽう》

釈尊滅後2000年以降。仏の教えが隠没し、戦乱が続く時代。教のみが伝えられるだけで、行・証はありません。日本では平安時代末期の1052年に末法に入ったとして恐れられました。

それぞれの末法観

日蓮宗―日蓮

↓

南無妙法蓮華経《なむみょうほうれんげきょう》

天台大師が著した『摩訶止観《まかしかん》』によって、天台宗では「止観」という深い瞑想が求められました。日蓮は『法華経』は末法に託された「未来記」（予言の経典）であり、末法の観心は「南無妙法蓮華経」と称えることであると説きました。

浄土宗―法然《ほうねん》

↓

南無阿弥陀仏《なむあみだぶつ》

法然は中国の曇鸞《どんらん》・道綽《どうしゃく》・善導《ぜんどう》らの説を継ぎ、末法悪世には浄土三部経以外の経典は、ものの役に立たない、ただ、称名念仏《しょうみょうねんぶつ》のみが極楽往生《ごくらくおうじょう》の道であると説きました。

宣教活動
32歳

立教開宗

立教開宗のポイント

・法華経《ほけきょう》は釈尊《しゃくそん》の御心であり、あらゆる経典の中で、法華経がもっとも優れている
・成仏を願うならば法華経に帰依《きえ》する必要がある
・法然《ほうねん》の『選択集《せんちゃくしゅう》』は法華経誹謗《ひぼう》の大罪を犯している
・称名《しょうみょう》念仏しても極楽往生はできず、かえって無間地獄《むけんじごく》に堕《お》ちてしまう

建長五年四月二十八日、立教の第一声が放たれた

蓮長《れんちょう》は三十二歳のとき、長い遊学を終え清澄寺《せいちょうじ》に帰ってきました。師の道善房《どうぜんぼう》をはじめ、兄弟子の義《ぎ》浄《じょう》（城）房《ぼう》、浄顕房《じょうけんぼう》ら一山の大衆も、見違えるようにたくましくなった青年僧侶を心から歓迎しました。

建長五年（１２５３）四月二十八日午の刻（正午）、清澄寺諸仏房《しょぶつぼう》の持仏堂《じぶつどう》で、蓮長の帰山報告を兼ねた説法会《せっぽうえ》が行われることになりました。その日の早朝、蓮長は旭《あさひ》が森《もり》の頂上に登り、水平線から姿を現した太陽に向かって、「南無妙《なむみょう》

日蓮と幕府との対立

鎌倉幕府の職制

- **将軍**
  - **連署**（執権の補佐）
  - **執権**（将軍の補佐、政務の統括）
    - 地方
      - **地頭**（公領・荘園の管理）
      - **守護**（御家人の統率・警察）
      - **奥州総奉行**（奥州御家人の統率）
      - **鎮西奉行**（九州の御家人の統率）
      - **六波羅探題**（京都の警備、朝廷との交渉）
    - 中央
      - **評定衆**（政務の評議）―**引付衆**（訴訟）
      - **問注所**（訴訟・裁判）
      - **政所**（一般政務）
      - **侍所**（軍事・警備、御家人の統制）

東条景信

東条郷の地頭。鎌倉幕府の御家人《ごけにん》でもあり、念仏の強信者でした。景信と領家尼《りょうけのあま》との領土争いの際、日蓮が領家尼を支持し、勝訴に持ち込んだことから恨みを深くし、日蓮の命をつけ狙うようになりました。のちに日蓮を襲撃し、傷を負わせています（小松《こまつ》原《ばら》法難）。

法蓮華経《ほうれんげきょう》、南無妙法蓮華経」と十回ほど称えたといいます。

説法では、『法華経』があらゆる経典の中でもっとも優れた経典であること、法然の『選択集』は正法を誹謗する大罪であることなどをさまざまな文献から立証したといいます。聴衆の中には熱烈な念仏信徒もいましたから、蓮長の話は猛烈な反発を呼び起こします。地頭《じとう》の東条景信《とうじょうかげのぶ》は激怒し、蓮長を捕らえようと追手を差し向けましたが、義浄（城）房、浄顕房の機転で危うく難を逃れ、なんとか安房《あわ》を脱出しました。

名前の由来

日蓮は釈尊《しゃくそん》の久遠《くおん》からの導きを受けた「地涌《じゆ》の菩薩《ぼさつ》」、特にその首導《しゅどう》の上行《じょうぎょう》菩薩の誓願を受け継いで、末法《まっぽう》の衆生《しゅじょう》救済の実現を願いました。『法華経』従地《じゅうじ》涌出品《ゆじゅつほん》第十五には、「地涌菩薩」が蓮の花のように汚れた水の中から出現する様子を「蓮華の水に在るが如し」と示し、如来神力品《にょらいじんりきほん》第二十一では「日月《にちがつ》の光明《こうみょう》の能《よ》く諸《もろもろ》の幽冥《ゆうみょう》を除くが如く」と、地涌菩薩を讃えています。前者の「蓮」と後者の「日」によって地涌菩薩の願いを実現する誓願を込めたのが「日蓮」の名であり、上行菩薩の再応現の自覚を告白することになるのです。

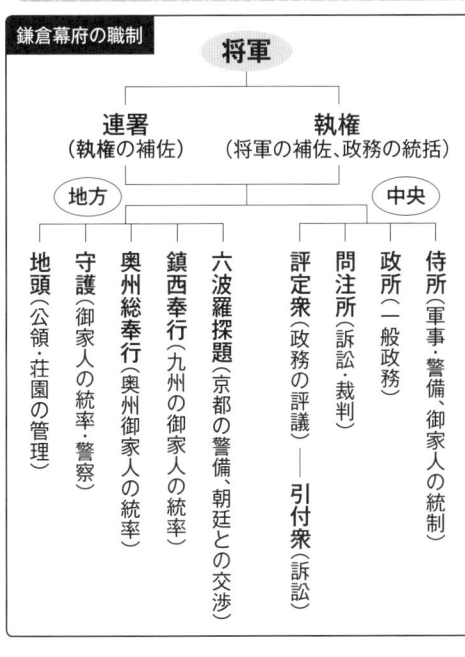

宣教活動
37歳

相次ぐ災害と日蓮一門の誕生

日蓮教団の中核を担う、有力な弟子・信徒が続々と集結

安房《あわ》を追われた日蓮は政都・鎌倉へ向かいました。幕府の実権は将軍にはなく、北条《ほうじょう》一族の手に握られています。時の執権《しっけん》は北条時《とき》頼《より》。のちの北条時宗《ときむね》と並ぶ鎌倉幕府屈指の切れ者で、鎌倉時代は隆盛期を迎えつつありました。

鎌倉に着いた日蓮は松葉《まつば》ケ《が》谷《やつ》に草庵を結び、法華経流布《ほけきょうるふ》の最初の一歩を踏み出しました。日蓮のもとに、のちの日蓮門下の中核を担う有力な弟子や信徒が多数集まってきます。

相次ぐ災害

和暦	西暦		
康元元	1256	8月	大洪水の被害
正嘉元	1257	8月	鎌倉で大地震が起こる
		9月	なお地震が続く
正嘉二	1258	8月	大暴風雨が襲いかかり、各地、不作に悩まされる
		9月	疫病が流行し、飢饉が広がる
		10月	大雨による洪水の被害
		12月	地震・雷が発生する
正元元	1259		諸国に飢饉が起こる 疫病の流行で、多数の死者が出る

相次いだ災害のうち、特に日蓮が注目したのは正嘉元年（1257）8月23日に発生した前代未聞の大地震でした。日蓮は『立正安国論《りっしょうあんこくろん》』の奥書で、この大地震を見て、『立正安国論』を構想したと述べています。

旅の途上で草庵を訪ねた下総《しもうさ》の僧、成弁《じょうべん》（のちの日昭《にっしょう》）が最初の弟子になりました。日昭の甥《おい》、日《にち》朗《ろう》も続きます。下総・若宮の富木《とき》五郎胤継《ごろうたねつぐ》（のちの常忍《じょうにん》）をはじめ、四条金吾《しじょうきんご》、太田乗明《おおたじょうみょう》、曽谷教信《そやきょうしん》、池《いけ》上宗仲《がみむねなか》・宗長《むねなが》らの中堅武士も門下となりました。

このころ、地震や飢饉《ききん》、大風、疫病などの災害が相次ぎ、大きな社会不安をもたらしていました。

四条金吾

宣教活動
39歳

『立正安国論』奏進と松葉ケ谷の法難

念仏批判に激怒した暴徒が松葉ケ谷の草庵を襲撃

文応元年（1260）七月十六日、日蓮は宿屋《やどや》入道《にゅうどう》を通して、生涯の書『立正安国論《りっしょうあんこくろん》』を実質的な幕府の最高責任者、前執権《しっけん》の北条《ほうじょう》時頼《ときより》に奏進しました。相次ぐ災害の根本原因は法然《ほうねん》の誤った信仰が広まったためであるとし、念仏を一掃しなければ外国からの侵略と内乱は免れないと予言しました。

幕府からは黙殺されましたが、八月二十七日の夜、念仏批判に怒った暴徒集団が草庵を襲撃、日蓮はかろうじて難を逃れました。

立正安国論の奏進と法難

和暦	西暦	
文応元	1260	『立正安国論』の執筆にとりかかる
		7月16日　前執権の北条時頼に奏進する 『立正安国論』の中で、日蓮は「『法華経《ほけきょう》』こそ末法の世を救う」と説いた。
		8月27日　**松葉ケ谷《まつばがやつ》法難** 日蓮の法華経宣布の活動は念仏信徒らの怒りを買う。 そして、日蓮が身を置いていた松葉ケ谷の草庵の焼き討ちに遭う。

日蓮は、相次ぐ災害は国に誤った信仰が広まったために起きていると考えていた。
（『日蓮聖人傳絵巻』写真・身延山久遠寺）

松葉ケ谷法難の際、白猿が裏山を道案内したことで、日蓮は難を逃れることができたという伝説も残っている。
（『日蓮聖人傳絵巻』写真・身延山久遠寺）

宣教活動
40歳

伊豆流罪

伊豆に流され苦しむ日蓮を、船守弥三郎夫妻が支援

いったんは下総《しもうさ》の富木常忍《ときじょうにん》のもとに逃れた日蓮でしたが、弘長元年（1261）に鎌倉へ戻ったとたん、捕らえられ、五月十二日、伊豆の伊東《いとう》に流されました。

海中の岩に取り残された日蓮でしたが、苦しんでいるところを船《ふな》守弥三郎《もりやさぶろう》という漁師に救われ、しばらく川奈《かわな》にある弥三郎の家にやっかいになりました。俎岩《まないたいわ》に取り残された日蓮が、潮が満ちてきて溺《おぼ》れそうになったところを弥三郎に助けられた、との伝説も残って

伊東での門下

船守弥三郎

俎岩に降ろされ、このままでは海底に沈んでしまいそうな中、『法華経《ほけきょう》』を読誦《どくじゅ》し続ける日蓮を助けました。

↓

弥三郎の家では、夫婦そろって日蓮の介抱をしました。弥三郎が、溺れそうな中でも法華経を読誦し続ける日蓮の姿に感動して以来、夫婦ともども、徐々に『法華経』を信じるようになりました。

↓

帰依《きえ》する

伊東八郎左衛門

体力が回復した日蓮は、地頭である伊東八郎左衛門の預かりとなり伊東の地へ。伊東八郎左衛門の屋敷近くの草庵に住み、毎日『法華経』を称え続けました。

↓

重い病に臥した伊東八郎左衛門に対し、日蓮が病気平癒の祈祷をすると、病気はたちまち治りました。この出来事をきっかけに、伊東一門は『法華経』を信じるようになりました。

↓

信徒になる

世間は私を
憎んでいるのに
この夫婦は
心を尽くして
くれる……
『法華経』への
嘆願に
応えないわけ
にはいかない

海からやってきた釈迦如来像

伊東に近い海中から引き上げられた釈迦如来の立像は、日蓮が地頭・伊東八郎左衛門の病気を治した際に、お礼として献上されました。日蓮は、生涯この如来像を肌身離さず所持したといわれています。

います。

弥三郎夫妻は、日蓮の衣食住の世話もしました。日蓮は「父母が生まれ変わられたのだろうか」と心から感謝しています。

その後、日蓮は、地頭《じとう》・伊東八《いとうはち》郎《ろう》左衛門《ざえもん》の屋敷近くに移され、地頭の病を癒《いや》したことで、お礼として海中から出現した釈迦如来像《しゃかにょらいぞう》を献上されました。

念仏信徒の襲撃（小松原法難）

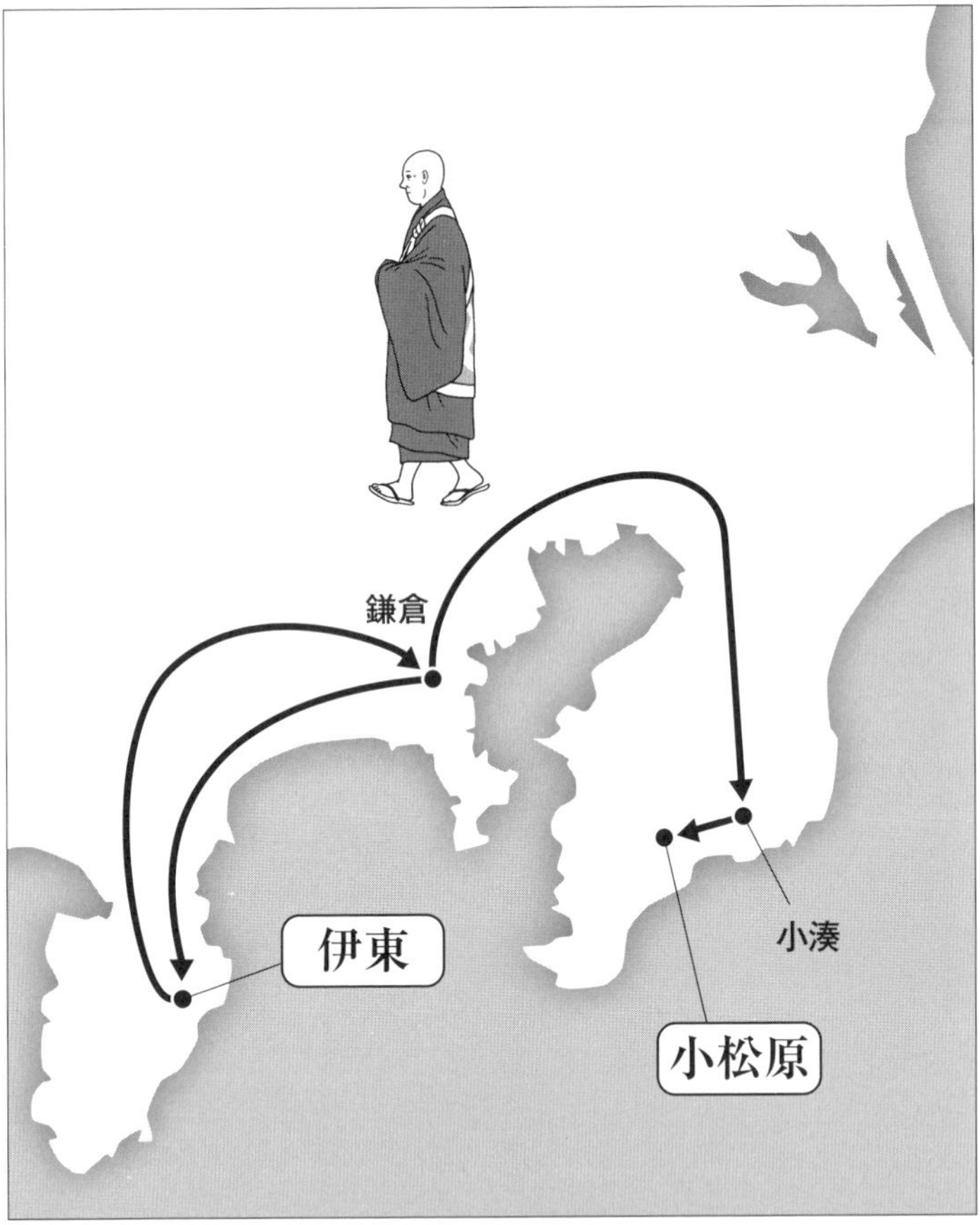

故郷・安房で布教活動中、東条景信らに襲撃される

弘長三年（1263）二月、日蓮は赦免され、流罪《るざい》の地・伊東《いとう》から鎌倉へ戻りました。その後、故郷の安房《あわ》へ向かい、生母とも久方ぶりに対面、父の墓参りも済ませました。

安房では西条花房《さいじょうはなぶさ》の蓮華寺《れんげじ》を拠点に布教活動を展開します。旧師の道善房《どうぜんぼう》と再会した日蓮は、念仏を捨てるよう強い言葉で説得、道善房もひとたびは納得し、題目《だいもく》を称えるようになりました。

文永元年（1264）十一月十

苦難多き日蓮の人生

大いなる嘆き

日蓮の生涯は大難の連続でした。自ら「少々の難は数を知らず。大事の難、四度なり」と語っているほどです。小松原法難でも手傷を負い、腕をへし折られるなど、耐えがたい重苦を受けました。

大いなる喜び

涅槃経《ねはんぎょう》には転重軽受《てんじゅうきょうじゅ》の法門《ほうもん》があります。過去世の罪が重く、未来永劫《みらいえいごう》に地獄の苦に遭わなければならない人間が法華経流布のゆえに今生《こんじょう》で重苦に遭うことで、罪業《ざいごう》を転ずることができるという法門。未来の成仏を思えば、大いなる喜びとなります。

されば、日蓮は
日本第一の
法華経の行者なり

一日、天津の信徒・工藤吉隆《くどうよしたか》に招かれ、吉隆の屋敷に向かう途中の東条郷《とうじょうのごう》小松原《こまつばら》で、仇敵ともいうべき東条景信《かげのぶ》が率いる念仏信者の一団に襲撃されました。日蓮一行は僧侶ばかりで、ものの役には立ちません。ひとり（鏡忍房《きょうにんぼう》）はすぐに討ち取られ、駆けつけた吉隆も命を落としました。日蓮も負傷し、片腕を折られましたが、なんとか窮地を脱しました。

母の寿命を延ばす

日蓮が安房に帰国した際、生母は明日をも知れない重病の床に臥していましたが、日蓮が懸命に祈ったことで、病は癒え、さらに、４ヵ年寿命を延ばすことができました。「定まった業《ごう》ですら、消滅させることができる」と日蓮は断言しています。

宣教活動
47歳

再度の諫暁

東西に及ぶ大帝国を築き上げた蒙古

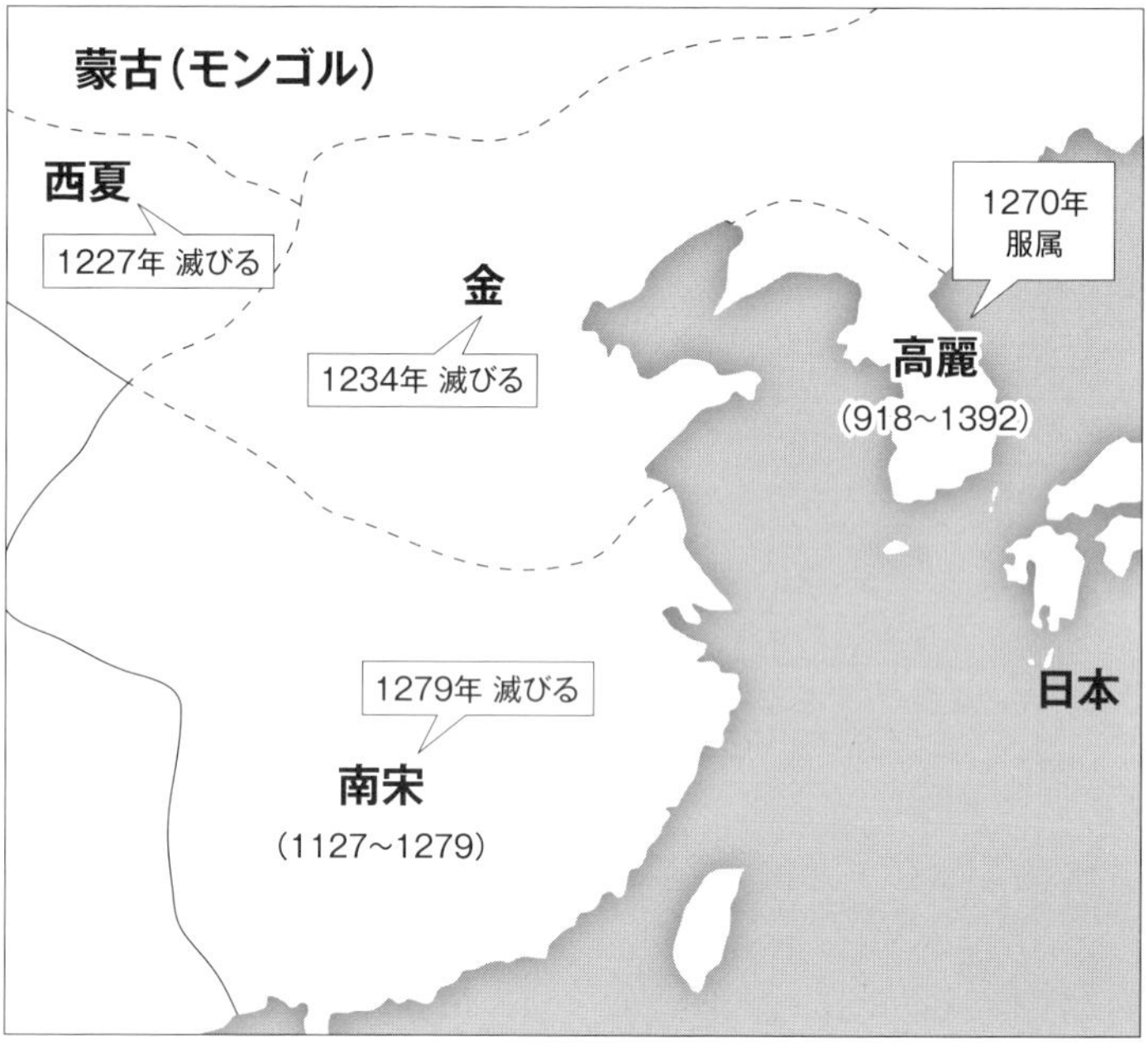
蒙古（モンゴル）
西夏
1227年 滅びる
金
1234年 滅びる
1270年
服属
高麗
（918～1392）
日本
1279年 滅びる
南宋
（1127～1279）

蒙古の勢力は、西はヨーロッパ、東は朝鮮半島にまで達し、漢民族の国家、宋《そう》は南に追いやられ、ほそぼそと存続しているに過ぎませんでした。高麗《こうらい》を征服した蒙古は次に日本列島に照準を定め、本格的な侵攻の準備に入りました。

蒙古の使者が筑紫へ到着、『安国論』の予言が的中

日蓮は文永元年（1264）十一月ごろ、安房《あわ》に戻ります。

文永五年（1268）正月、蒙《もう》古《こ》の使者が国書を持参し、筑紫《つくし》に到着しました。国書には、通商を望んでいることや、拒否すれば攻撃することなどが書かれていました。日蓮が『立正安国論《りっしょうあんこくろん》』で予言した外国からの侵略（他国侵逼難《たこくしんぴつなん》）の実現に当たります。時の執権《しっけん》・北条時宗《ほうじょうときむね》や極楽寺忍性《ごくらくじにんしょう》など、十一ヵ所に書状を送り、諫言《かんげん》しました（十一通御書《ごしょ》）。

日蓮物語(二)

―日蓮最大の危機・龍口法難―

文永八年九月十日
北条家得宗家《とくそうけ》の家司《けいし》と侍所所司《さむらいどころしょし》を兼ね鎌倉幕府の実権を握っていた平左衛門尉頼綱《へいのさえもんのじょうよりつな》の屋敷にて日蓮と平左衛門尉が対面した
念仏や禅は亡国の教え
すみやかに退治しなければ国は救えません
なんということをいうのじゃ
誤った仏教理解の寺・僧侶への布施《ふせ》を止めなさい
ええぃまだいうかこのくそ坊主が！それほど寺が欲しいのか!!

九月十二日
えらく ものものしいな 相手は武士か?
いや 日蓮という 坊主らしい
お聖人さま 大変です!
どうした
幕府の役人が 押し寄せて きます
ガタン
日蓮! おぬしを 逮捕する!!
なんということを
あっ!

『法華経《ほけきょう》』第五の巻の勧持品《かんじほん》には「(法華経を広める者が)刀や杖で打たれる」とある
打つ杖は『法華経』打たれる者は『法華経』の行者日蓮は自身が『法華経』を身でもって読んでいることを確信した
あらおもしろや平左衛門尉《へいのさえもんのじょう》がものに狂っている様子を見よ平左衛門尉はいま日本国の柱を倒そうとしている
その夜 午前零時ごろ
ザワ
ザワ
おい 坊主 出かけるぞ
どうやら今夜 首を切られる ようだ

佐渡流罪《さどるざい》を言い渡されていた日蓮だったがその晩連れ出された
龍口《たつのくち》にて闇に紛れて切ってしまおうという手はずだったようだ
馬を止めよ
八幡大菩薩《はちまんだいぼさつ》に申したいことがある
貴殿は『法華経《ほけきょう》』の会座《えざ》釈尊《しゃくそん》の前で『法華経』を広める者を守ると誓ったはず
なぜ誓言を守らないのか
すごいな八幡大菩薩を叱っている

しばらく待て
知らせたい人がいる
熊王丸《くまおうまる》頼むぞ
四条金吾《しじょうきんご》
なんと
まことか
お聖人さまあ
今夜
首を切られに行く
私どもも
ご一緒に
まいります!
馬を降りよ
ここが刑場か

これまででございます
私も
すぐに腹を切って
おともします
なにを嘆かれているのか
『法華経《ほけきょう》』のために
命を捨てられるのだから
これほどの喜びはない
大いに笑いなさい
聖人さま…
そのとき
江の島の
方角から
キラッ
なんだ
あれは
ゴオオオオオオ

目がくらんで見えない
何をしている
近くへ寄りなさい
夜が明けてから
首を切ったら
見苦しいではないか
急いで切りなさい
結局
首は切れなかった
『法華経』には
地涌《じゆ》千界の菩薩《ぼさつ》を
率いる四菩薩が
記されている
その首導は上行《じょうぎょう》菩薩
そうか
私は間違いなく
『法華経』の会座《えざ》にいた

地涌《じゆ》の菩薩《ぼさつ》の首導《しゅどう》上行《じょうぎょう》菩薩とは私のことだったのか
このとき『法華経《ほけきょう》』に説かれた上行菩薩の応現であることを日蓮は確信した
その後日蓮は馬に乗せられ相模《さがみ》・依智《えち》の本間六郎左衛門《ほんまろくろうざえもん》（佐渡国《さどのくに》の地頭）の屋敷に移動
本間六郎左衛門の屋敷で日蓮は酒を取り寄せ処刑しようとした幕府の役人や兵士たちに振る舞った
あの人は本当に悪人なのか
オレは今日限り念仏を止める
ぽいっ
この後日蓮は佐渡《さど》へ流されるが胸中には末法救済の炎が赤々と燃えていた誰も消すことができない炎であった
佐渡でも『法華経』を広めるぞ！

十月二十八日に佐渡に到着した
日蓮は塚原三昧堂《つかはらさんまいどう》で『開目抄《かいもくしょう》』
や『観心本尊抄《かんじんほんぞんしょう》』などを執筆
未来のためになんとしても書き残しておかねば……
文永十一年三月
日蓮は赦免され
鎌倉へ帰還
そして
平左衛門尉頼綱《へいのざえもんのじょうよりつな》と対面し
蒙古《もうこ》の襲来を予言した
蒙古はいつごろ来襲するのだろうか
年内には必ずやってくるでしょう
「三度諫《いさ》めて容れられないときは山林に交わる」の故事にならい身延《みのぶ》へ入山した
日蓮は講義、執筆、門下の激励・指導の忙しい日々を過ごした
そして
弘安五年九月
栗鹿毛《くりかげ》の馬に乗り
武蔵国池上《むさしのくにいけがみ》へ
同年十月十三日
池上宗仲《むねなか》の屋敷で
その生涯を終えた…
南無妙法蓮華経《なむみょうほうれんげきょう》
日蓮の一生は大難の連続で
苦悩に沈む衆生《しゅじょう》を救わんとの
末法《まっぽう》救済の大願に生きた
六十一年の生涯だった
遺志を継いだ
弟子たちの奮闘で
日蓮の思想は日本の
津々浦々にまで浸透し
いまや世界へと
広がりつつある

内政昇華
50歳

龍口法難

佐渡流罪《さどるざい》を
言い渡されていた
日蓮だったが
その晩連れ出された
龍口《たつのくち》にて
闇に紛れて
切ってしまおうという
手はずだったようだ

（『日蓮聖人傳絵巻』写真・身延山久遠寺）

まさに首が切られようとしたその時、江の島の東南の海上に、満月のような光りものが現れ、突然飛んできた。その光は、刑を執行しようとしていた者たちに襲いかからんばかりの勢いだったとされている。

首を切られる瞬間光りものが出現し、刑は執行できず

文永八年（1271）、良観房忍性《りょうかんぼうにんしょう》らの讒言《ざんげん》により、日蓮は侍所《さむらいどころ》所《しょ》司《し》の平左衛門尉頼綱《へいのさえもんのじょうよりつな》に呼び出され、尋問されましたが、他宗の僧侶との公場対決を迫り、「日蓮が遠流《おんる》・死罪に処せられるなら、内乱、侵略は免れがたい」と言い切りました。

その日は何ごともなかったものの、九月十二日、頼綱自らが指揮して、数百人の兵士が松葉ケ谷《まつばがやつ》の草庵に乱入、日蓮を召し捕りました。頼綱の所従、少輔房《しょうぼう》は日蓮のふところから奪い取った法華経《ほけきょう》第

龍口法難に至るまでの経緯

和暦	西暦	
文永八	1271	6月18日～ 良観房忍性が雨乞いの祈祷をするも、いっこうに雨は降らず。 あなたがいくら祈っても無理でしょう。もし1週間で雨が降ったら、弟子になりましょう
		7月13日 良観房忍性が、日蓮の言動が穏当でないと幕府に讒言《ざんげん》。 幕府を審判者とするのであれば、受けて立とう
		9月12日 侍所所司・平左衛門尉頼綱の尋問に対し、他宗との対決を求める。日蓮のその姿勢に怒った頼綱は、多くの武士を率いて松葉ケ谷の草庵を襲撃、日蓮を召し捕り、その日のうちに処刑しようとする。 『法華経《ほけきょう》』に身を捧げることができるのなら、砂を砂金に替え、石を宝石と交換するようなもの……

五の巻で日蓮の顔を打ちました。処分は佐渡流罪《さどるざい》と決まったものの、その夜、日蓮は連れ出され、首を切られることになりました。急を聞いて駆けつけた四条金吾《しじょうきんご》兄弟も、龍口《たつのくち》の刑場まで供をします。いよいよ首を切られる瞬間、「月のごとく、ひかりたるもの」が東南の空から現れ、兵士たちは恐れおののき、結局、刑を執行できなかったと伝えられています。

鶴岡八幡宮で八幡神を叱責

龍口の刑場への途中、鶴岡八幡《つるがおかはちまん》宮《ぐう》の前を通った際、日蓮は一行を止め、八幡神を叱責します。「法華経の会座《えざ》で、善神・聖人は法華経の行者を守護するとの誓いを立てたではないか。なぜ、いま、その誓いを果たさないのか」と堂々と叱り飛ばしたのです。

佐渡流罪

日蓮の苦しみ

流罪生活で衣食住が困窮、阿仏房らが生活を支えた

文永八年（1271）十月、流人《るにん》として佐渡《さど》に入った日蓮は塚原《つかはら》の三昧堂《さんまいどう》を住居としてあてがわれました。壁も満足になく、雪が積もり寒風が吹き込みます。夜は蓑《みの》を着て寒さに耐えました。翌文永九年（1272）一月十六日、佐渡、越後《えちご》、越中《えっちゅう》などから念仏僧が集まり日蓮に法論を挑みますが、反対に論破されてしまいました。

このころ、阿仏房《あぶつぼう》・千日尼《せんにちあま》夫妻、国府入道《こうのにゅうどう》夫妻、中興《なかおき》入道らが日蓮の門下となり、生活を支えました。

佐渡の門下

阿仏房・千日尼夫妻

阿仏房は念仏の強信者でしたが、日蓮を問いつめようとして反対に打ち負かされ、門下となりました。日蓮の身延《みのぶ》入山後、高齢にもかかわらず、何度か身延を訪れています。

最蓮房《さいれんぼう》

天台宗の学僧で、佐渡流罪中に日蓮の弟子となりました。秀才で、難解な法門について日蓮に質問、「生《しょう》死一大事血脈抄《じいちだいじけちみゃくしょう》」「諸法実相抄《しょほうじっそうしょう》」など重要な手紙をもらっています。

佐渡流罪中の著作

『開目抄《かいもくしょう》』	『立正安国論《りっしょうあんこくろん》』『観心本尊抄《かんじんほんぞんしょう》』と並ぶ三大部のひとつ。佐渡流罪中に執筆されました。日蓮が法華経《ほけきょう》の行者であるならば、なぜ善神・聖人の加護がないのか、自問自答していくことで、自身が「末法《まっぽう》の法華経の行者である」との確信を明らかにしていきます。
『観心本尊抄《かんじんほんぞんしょう》』（『如来滅後五五百歳始観心本尊抄』）	佐渡流罪中の執筆。天台大師《てんだいだいし》の『摩訶止観《まかしかん》』第五巻に説かれる「一念三千《いちねんさんぜん》」の深意を尋ね、末法今時においては、像法《ぞうぼう》時の観法によらず、題目受持《じゅじ》によって「釈《しゃく》尊《そん》の因行《いんぎょう》・果徳《かとく》の二法」の功徳《くどく》を得られるとして、「事一念三千の観法」であると説いた。

身延山へ

いざ、身延へ

和暦	西暦		
文永九	1272		**佐渡の石田郷・一谷《いちのさわ》へ** 名主から渡される少量の飯を、二口三口ずつ分けあって食べる生活を送る。一谷入道《いちのさわにゅうどう》夫妻は、そんな日蓮を不憫《ふびん》に思い、何かと手助けをする。特に、一谷入道の妻は、日蓮の人柄に深く感化し、帰依《きえ》したといわれている。
文永十一	1274	2月	**佐渡流罪を赦《ゆる》される**
		3月13日	**鎌倉へ出発** 道中、念仏信者たちが命を狙って待ち構えていた。
		3月26日	**鎌倉に到着**
		4月8日	**平頼綱《へいのよりつな》と面会する** 平頼綱は、元《げん》の襲来の時期を知るために日蓮と面会した。時の執権《しっけん》、北条時宗《ほうじょうときむね》の意向を受け、日蓮に予言を仰いだ。
		5月12日	**鎌倉を後にし、身延《みのぶ》に入山**
		10月5日	**文永の役** 元軍は、5日には対馬《つしま》、14日には壱岐《いき》を襲撃し、多くの人々を殺害。そして、九州の筑前《ちくぜん》・肥前《ひぜん》の海岸から上陸し、大宰府《だざいふ》などを襲撃するも、偶然起こった大風雨によって退いた。

佐渡流罪を赦された日蓮は、『法華経』が幕府に認められなかったため、「三度諫めて容れられない時は山林に交わる」という故事にならい、身延山へ向かったとされている。　（『日蓮聖人傳絵巻』写真・身延山久遠寺）

元の襲来―文永の役

（「蒙古襲来絵詞」写真・宮内庁三の丸尚蔵館）

文永の役

日蓮が身延に入山した文永十一年（1274）10月、日蓮の予言が的中し、元軍が壱岐、対馬、筑前、肥前などに襲来しました。対馬、壱岐の住民は大半が殺され、筑前、肥前でも大きな被害が出ましたが、突然の暴風雨のため、元軍は壊滅したと伝えられています。

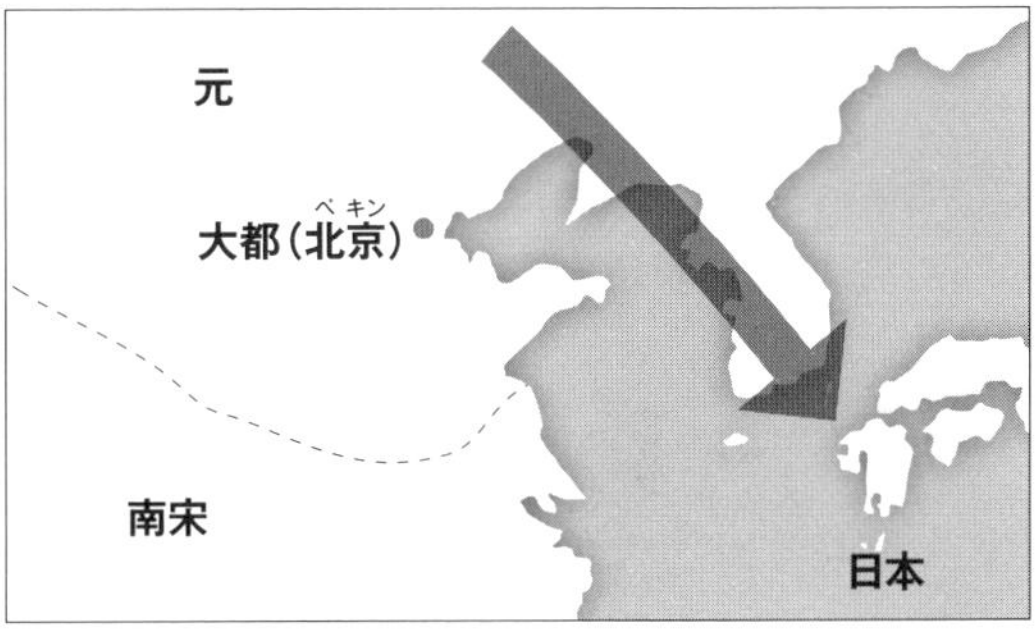

三度目の諫暁（いさめ）も容れられず甲州・身延へ入山

文永十一年（1274）二月、日蓮は赦免され、三月十三日に佐渡《さど》を出発、二十六日に鎌倉へ帰還しました。そして、四月八日、平左《へいのさ》衛門尉《えもんのじょう》と対面、三度目の諫暁《かんぎょう》（いさめ）を行いましたが容れられません。

「三度諫《いさ》めて用いられなければ、山林に交われ」の故事にならい、五月十二日、鎌倉を発ち、信徒の波木井《はきい》実長《さねなが》（日円）が地頭《じとう》であった、甲州・身延へ入山しました。以後、最晩年まで日蓮は身延に居住し、門下を率い、著述と弟子の訓育に全魂を傾けました。

円熟内省
55歳

著述・弟子の教育に励む

『撰時抄』『報恩抄』など重要な書を次々に執筆

身延《みのぶ》に入山した日蓮は、『法華取要抄《ほっけしゅようしょう》』『撰時抄《せんじしょう》』『報恩抄《ほうおんしょう》』などの重要な著述を執筆する一方、『法華経《ほけきょう》』や天台大師の三大部（『法華玄義《ほっけげんぎ》』『法華文句《ほっけもんぐ》』『摩訶止観《まかしかん》』）を教材にした講義など、弟子の訓育に全力で取り組みました。世間で言う「隠棲《いんせい》」のイメージは微塵《みじん》もありません。

登山する信徒も増え、日蓮が六十歳のときには十間《じゅっけん》四方の本格的な道場が完成し、常時百人以上の弟子が研鑽《けんさん》に励みました。

日蓮の教えが込められた著作

『法華取要抄《ほっけしゅようしょう》』

下総《しもうさ》の富木常忍《ときじょうにん》に与えられた書。日蓮が『法華経』の広略を捨てて、肝要の『法華経』要法《ようぼう》である上行菩《じょうぎょうぼ》薩《さつ》所伝の『妙法蓮華経』を取る理由を示しています。末尾には上行菩薩らの聖人が末法に出現し、本門の三大秘法を建立するとの予言が述べられています。

『撰時抄《せんじしょう》』

正法《しょうぼう》・像法《ぞうぼう》・末法《まっぽう》の三時を明かし、末法には上行《じょうぎょう》菩薩が出現し、法華経を広めることを説いています。仏教史を概観しながら、真言宗の善無畏《ぜんむい》・金剛智《こんごうち》・不《ふ》空《くう》・空海《くうかい》、浄土宗の法然《ほうねん》、天台宗の慈覚《じかく》らを批判、自身の「三度の高名※」についてもふれています。

※三度の高名　『立正安国論』を献上したこと、文永八年の平左衛門尉との面会で自界叛逆難・他国侵逼難を予言したこと、文永十一年の平左衛門尉との面会で蒙古襲来の時期を予言したことを指す。それによって法華経の行者としての責務を果たしたことを明らかにしたと述べている。

『報恩抄《ほうおんしょう》』

旧師・道善房《どうぜんぼう》が亡くなったことを聞き、追善供養のために、兄弟子の浄顕房《じょうけんぼう》、義浄《ぎじょう》（城）房《ぼう》に送った書。師の恩に報いることが大事であると述べ、『法華経』の肝要である三大秘法（本門の題目・本尊・戒壇）を明かし、天台宗の堕落を痛烈に批判しています。

『御義口伝《おんぎくでん》』『御講聞書《おこうききがき》』

日蓮は身延入山後、法華経講義を行ったとされます。建治年間に日興《にっこう》が筆録したと伝えるのが『御義口伝』であり、弘安年間に日向《にこう》の筆録と伝えるのが『御講聞書』です。両著ともわかりやすく法門《ほうもん》が説かれているため、江戸時代までは重く用いられました。特に『御義口伝』によって「国立戒壇《こくりつかいだん》」の意義が強調されます。近代の文献研究によって日蓮滅後の成立と理解されながらも、なお重視されるのにはそのような理由があります。なお真筆が現存する『注法華経』の研究が注目されています。

日蓮は9年間身延で生活し、その間何度も身延山の頂に登ったと伝えられている。また、その頂から故郷である小湊《こみなと》を眺め、亡き両親を思い涙ぐまれたといわれている。

（『日蓮聖人傳絵巻』写真・身延山久遠寺）

病に倒れる

日蓮の晩年

和暦	西暦	
建治三	1277	**病に倒れる** 身延《みのぶ》での生活は、衣薄く、食事も満足にとれない過酷なものだったため、下痢の症状に悩まされる。
弘安元	1278	**下痢の症状が悪化** 信徒であった佐渡《さど》の阿仏房《あぶつぼう》が訪問する。
弘安二	1279	**熱原《あつは(わ)ら》法難** 弟子・信徒たちが駿河《するが》地方で迫害をこうむる。 信徒・弥四郎が首を切られたほか、農民20名が捕らえられ、うち３名が斬首される。
弘安四	1281	**病状悪化のため療養** **弘安の役** 南宋を滅ぼした元が、朝鮮半島と中国本土からの二手に分かれて、再び襲来。しかし、またしても暴風雨が起こり、敗退した。
弘安五	1282	**武蔵国《むさしのくに》の池上宗仲《いけがみむねなか》の屋敷に到着する** 波木井氏に感謝し、墓を身延に建てるよう書状を送る。 **六人の本弟子（六老僧）を定める**
		10月13日　**入滅**

栗鹿毛の馬にまたがり武蔵国池上へ最後の旅

日蓮の生涯は大難が相次ぎ、心身に相当な負担をかけました。晩年は体調を崩し、弘安元年（１２７８）は下痢に悩まされましたが、医師であった信徒の四条金吾《しじょうきんご》の治療で、一時は小康状態を取り戻しました。

弘安五年（１２８２）ごろ、衰弱が進み、弟子や門下の勧めで、常陸《ひたち》の湯で養生することになりました。九月八日、栗鹿毛《くりかげ》の馬に乗り身延を出発、十八日、武蔵国の池上宗仲の屋敷に到着しました。

日蓮の６人の本弟子たち

六老僧とは

弘安五年（1282）10月８日、池上宗仲の屋敷で、日蓮は六人の高弟、日昭《にっしょう》、日朗《にちろう》、日興《にっこう》、日向《にこう》、日頂《にっちょう》、日持《にちじ》を呼び、本弟子と定め、後事を委《ゆだ》ねました。

日昭

下総国《しもうさのくに》の出身。旅の途中、松葉ケ谷《まつばがやつ》の草庵を訪ね、日蓮の最初の弟子となりました。門下の最長老で、佐渡流罪《さどるざい》時には鎌倉の信徒を守り、日蓮入滅後は鎌倉の浜土《はまど》に妙《みょう》法華寺《ほっけじ》を開基しました。

日朗

下総国の出身で、日昭の甥《おい》。龍口《りゅうこう》法難の際、日進らとともに土牢に幽閉され、日蓮から激励の手紙を送られました。日蓮の入滅後、池上に長栄山本門寺《ちょうえいさんほんもんじ》を開創、門下には日像《にちぞう》、日輪《にちりん》ら朗門の九鳳《くほう》がいます。

日興

甲斐国《かいのくに》の出身。日蓮が駿河《するが》の岩本山実相《がんぽんざんじっそう》寺《じ》で一切経《いっさいきょう》を閲覧した際、弟子入りしました。日蓮の入滅後、身延を離れ、駿河国の大石ケ原に一寺を建立、のちに大石寺《たいせきじ》と名づけました。晩年は重須《おもす》（のちの本門寺）に移りました。

日向

安房国《あわのくに》（一説に上総《かずさ》国《のくに》とも）の出身。道《どう》善房《ぜんぼう》逝去の際、日蓮に派遣され、道善房の墓前で『報恩抄《ほうおんしょう》』を読みました。日蓮入滅後、身延に登り、学頭職《がくとうしょく》に。日興の身延離山後は別当《べっとう》職に就きました。

日頂

駿河国《するがのくに》の出身。母が富木常忍《ときじょうにん》に嫁いだため、常忍の養子に。真間山弘法寺《ぐほうじ》の開山住職。熱原の法難後、日秀らを庇護しました。晩年は日興のもとに身を寄せ、重須本門寺の学頭を務めました。

日持

駿河国の出身。松野六郎左衛門入道の次男。駿河の蓮永寺《れんえいじ》の開山。永仁三年（1295）、海外布教を志し、奥州《おうしゅう》から蝦夷《えぞ》、樺太《からふと》を経て、靺鞨《まっかつ》に渡り、さらには外蒙古《がいもうこ》にまで足を延ばしたとの伝説があります。

池上で入滅

身延での日蓮は、『法華経』を広めることと弟子の教育に心血を注いだ。しかし、これまでの数々の迫害、苦しい生活により身体が衰弱し、弘安五年（1282）10月13日に、その生涯を閉じた。（『日蓮聖人傳絵巻』写真・身延山久遠寺）

死の寸前まで後継者の育成に全力で取り組んだ

弘安五年（1282）九月二十五日、池上宗仲《いけがみむねなか》の屋敷に集まった弟子たちに、日蓮は『立正安国論《りっしょうあんこくろん》』を講義し、そして十月十三日辰の刻（午前八時）、多くの弟子・檀那《だんな》（檀家）の読経の声に包まれて、六十一歳の生涯を終え、非滅の滅を現じました。

葬儀は翌日行われ、『御遷化記録《ごせんげきろく》』によると、主だった檀那たちも幡《ばん》、香《こう》、鐘《しょう》、散華《さんげ》、遺品などを手に葬送の列に加わったことがわかります。十五日には荼毘《だび》に付されました。「どこで死んでも身延《みのぶ》の沢に葬ってください」という遺言が残されていたので、遺骨は身延へ運ばれ、翌弘安六年（1283）一月、墓が建立されました。

大地震動と時ならぬ桜

日興《にっこう》が書きとどめた『御遷化記録』には、日蓮が入滅した辰の刻に、「大地が震動した」とあります。別の記録には、鎌倉の住民が大地震動に驚き、「日蓮の御房が他界した」とうわさしあったともあります。また、入滅《にゅうめつ》の日に、宗仲の屋敷の桜がいっせいに開花したという伝説があります。

日蓮の最期に奉安された大曼荼羅本尊

大持国天王（不動明王の梵字）
大日天大王
第六天大王
大梵天王
南無無辺行菩薩
南無舎利弗尊者
提婆達多
阿修羅王
転輪聖王
南無上行菩薩
南無薬王菩薩
南無多宝如来
南無文殊師利菩薩
鬼子母神
南無天台大師
南無龍樹菩薩
天照大神
南無妙法蓮華経
十羅刹女
八幡大菩薩
南無釈迦牟尼仏
南無普賢菩薩
南無浄行菩薩
南無弥勒菩薩
南無妙楽大師
南無安立行菩薩
南無大迦葉尊者
南無伝教大師
釈提桓因大王
阿闍世大王
大王天王
大龍王
明星天子
仏滅度後二千二百二十余年之間一閻浮提之内未曾有大曼荼羅也
大広目天王
日蓮（花押）
大増長天王
大毘沙門天王（愛染明王の梵字）
弘安三年太歳庚辰〇月〇日

右の大曼荼羅本尊を活字化したもの

（妙本寺 所蔵　写真・東京国立博物館）

大曼荼羅本尊《だいまんだらほんぞん》

上掲の大曼荼羅本尊は日蓮の最晩年、弘安三年（1280）に図顕《ずけん》され、弘安五年（1282）、日蓮入滅の枕頭《ちんとう》に奉安された「臨滅度時《りんめつどじ》の本尊」である。中心に「南無妙法蓮華経《なむみょうほうれんげきょう》」と大書し、「釈迦牟尼仏《しゃかむにぶつ》」「多宝如来《たほうにょらい》」をはじめとして、『法華経』説法の霊鷲山《りょうじゅせん》の虚空会《こくうえ》の情景に即して、十法界の諸仏・諸尊が網羅されている。日蓮は文永八年（1271）、龍口《りゅうこう》法難後にシンプルな形で図顕したが、文永十年（1273）、『観心本尊抄《かんじんほんぞんしょう》』執筆後に十法界を網羅した大曼荼羅を図顕した（「始顕本尊《しけんほんぞん》」）。その後、さらに充実した図顕様式となっている。

コラム

日蓮ゆかりの地 1

（写真・誕生寺）

誕生寺

日蓮が生まれた千葉県鴨川市小湊《こみなと》に建つ誕生寺《たんじょうじ》。日蓮の生家があった場所は地形が激変し、現在は海中に沈んでいるともいわれます。二度にわたる地震、津波の被害を受け、宝永年間（1704 ～ 1711）に現在地に再建され、水戸《みと》光圀《みつくに》の援助で整備が進められました。最古の建物である仁王門は宝永三年（1706）に建立されたものです。境内には日蓮聖人幼像などもあります。

住所：千葉県鴨川市小湊183
- JR外房線安房小湊駅よりバス。「誕生寺入口」下車、徒歩で約5分。

TEL：04-7095-2621
URL：http://www.tanjoh-ji.jp/

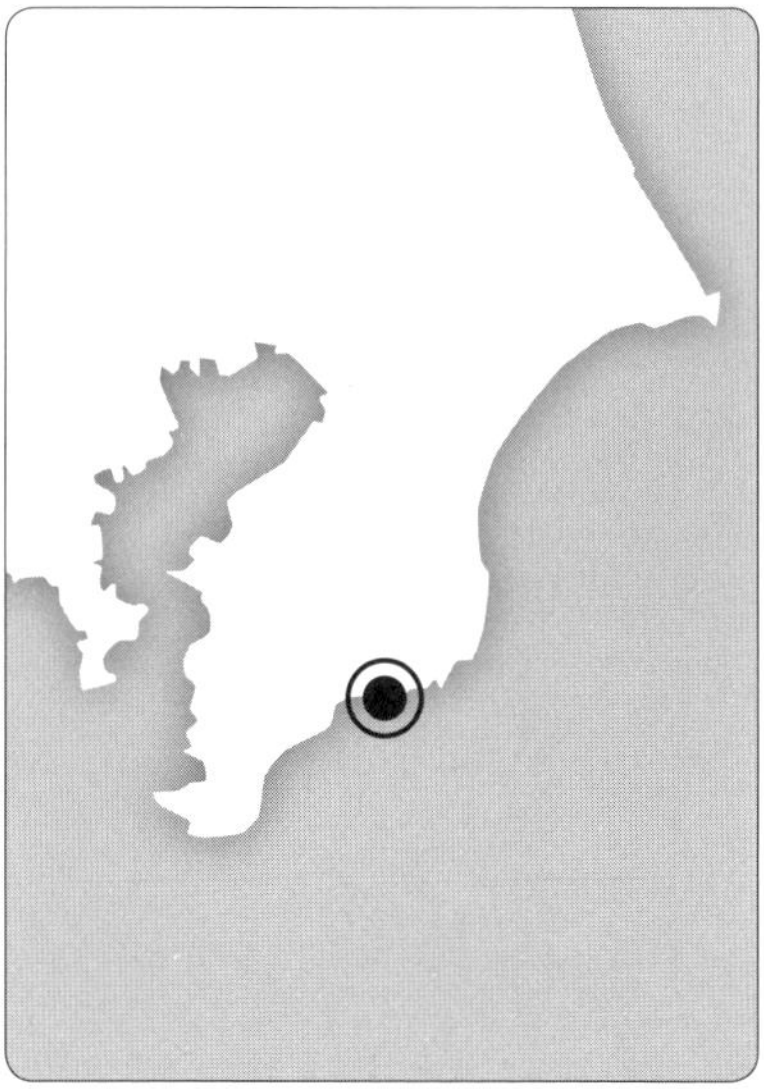

第2章

日蓮の教え

日蓮が遺した数多くの
書物・書簡には、
人々の幸せ、
幸福な社会を願う
日蓮の想いが
込められています。

生命こそ最高の宝

命と申す物は一身第一の珍宝也《なり》。一日なりともこれを延《の》ぶるならば千万両の金《こがね》にもすぎたり。

（「可延定業御書《かえんじょうごうごしょ》」）

訳

生命というものは第一に大切な財産です。たとえ一日であっても生命を延ばすならば、千万両の黄金よりもはるかに尊いものです。

若いときは「いったい私はなぜ、この世に生まれてきたのだろうか？」という疑問を起こしますが、誰もがすっきりする名回答を返すことは困難です。釈尊《しゃくそん》は「ともかく、私たちがこの世に生まれてきた現実を直視しなさい」といい、答えの出ない問いにいつまでもこだわることをやめさせました。

生命は、大宇宙を埋め尽くすほどの宝であっても、代えることはできません。一度生命を失ったならば、それを回復することは困難です。元気に生きられることは、どれほどありがたいことでしょうか。さまざまな支障を背負いながら生きている方も大勢います。「生きることの尊さ」をしっかりと認識するならば、病気などのために気力を失った方も、いま一度、生きる意欲を取り戻すことができるでしょう。

この手紙を与えられた婦人は病気でしたが、日蓮の激励に応え病気を克服、天寿《てんじゅ》をまっとうしました。

《自分を成長させるために②》

「仏道を信ずる」とは？

夫《そ》れ仏道《ぶつどう》に入る根本は信をもって本《もと》とす。

（『法華題目抄《ほっけだいもくしょう》』）

訳

そもそも、仏の教えを学ぼうと思ったら、「信じる」ことが根本となります。

宗教は例外なく「信」からスタートします。「信じる」ということは難しく、人を信じて裏切られた経験をされた方も多いことでしょう。「信」には、「真実」「任せる」「明らかにする」「信仰」などの意味があります。

「信をもって根本にする」ことの意味には深いものがあり、単に「お任せします」という姿勢ではありません。「仏道とは宇宙と人生の真実・真理を明らかにする道である」ことを確信し、真実・真理をどこまでも究明していく姿勢が伴わなければなりません。

そのためには「清らかな心」が必須条件です。「嘘か真《まこと》かわからないが、ともかく話に乗ってみよう」などという浅はかな姿勢では、だまされるのがオチといえます。釈尊の究極の境地を信頼し、それを目指してどこまでも真摯《しんし》に進んでいくことが求められます。

仏道に励むとは、正直に生きるということ

仏と申すは正直を本《もと》とす。

（『法華題目抄《ほっけだいもくしょう》』）

訳

仏とおっしゃるお方は、正直を根本としています。

一般社会にあっても、仏教にあっても、正直であることはたいへんに重要なことです。

知人の言葉が忘れられません。「（人の行為の善し悪しは）その後、いくばくかの時間が経過すると、おのずとハッキリと現れる」という意味の言葉でした。その場は巧みな言葉で取りつくろっても、発せられた言葉が真実かどうかは後になれば必ずわかるものです。

仏教における正直とは、『法華経《ほけきょう》』に「正直に方便《ほうべん》（仮の教え）を捨て」とあるように、「法華経を根本にする」ということです。日蓮は、あくまで『法華経』にこそ釈尊《しゃくそん》の末法《まっぽう》衆生《しゅじょう》救済の道が示されていることを信じ続けました。その根幹には、主・師・親の三つの徳を備える釈尊の奥深い導きに、「どこまでも正直に従っていく」という弟子としての生き方があります。

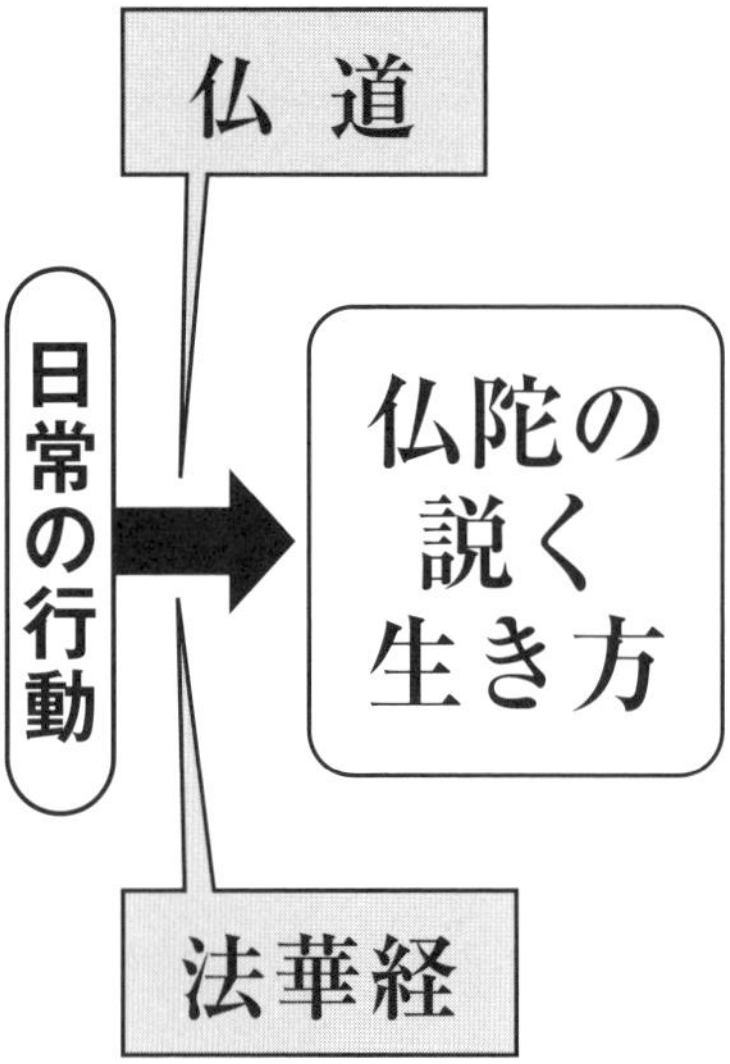

《自分を成長させるために④》

心の宝を積むことが、一番大切なこと

蔵《くら》の財《たから》よりも身の財すぐれたり。身の財より心の財第一なり。此《こ》の御文《おんふみ》を御覧《ごらん》あらんよりは心の財を積ませ給ふべし。

（「崇峻天皇御書《すしゅんてんのうごしょ》」）

訳

金銭的財産より大切なのは健康。健康よりも心の財産が第一に大切です。この手紙を読まれた後には、この心の財産を積んでいきなさい。

「心の財産が大切」などと述べると、「いまどき、何を寝ぼけたことを！」という声も聞こえてきそうです。「要領よく生きることが大切」などといわれる社会では、正直者がバカを見ることもよくあります。

「金銭的財産や健康よりも、心の財産が大事である」といっても、金銭的財産や健康を軽視しているわけではありません。むしろ、金銭的財産や健康の重要性をふまえたうえで、それらを永続させるためにも「心の財産を積みなさい」と述べているのです。

財産があるがために骨肉の争いをしたり、権力を持っているがために違法なことに手を染め、人生を誤ったりすることもあるのです。生涯を通じ、心身の健康こそが幸せの基本をなすものであり、「心の財を積む」ことがもっとも重要である、と日蓮は強く示しているのです。

よい指導者との出会いが大切

善知識に値《あ》ふ事が第一の難《かた》き事なり。されば、仏は善知識に値ふ事をば一眼《いちげん》の亀の浮木《ふぼく》に入り、梵天《ぼんてん》より糸を下げて大地の針の目に入るにたとへ給へり。

（『三三蔵祈雨事《さんさんぞうきうのこと》』）

訳

人をして仏道に導き、解脱《げだつ》を得させる指導者（善知識）に出会うことがもっとも難しいことです。仏陀は、そのような指導者に出会うことを、片方の目しか見えない亀が流木の穴に入るようなものであるとも、天空の遥か上空にある梵天から糸を垂らして大地の上にある針の穴に通すようなものであるとも述べられています。

「善知識」とは、狭い意味では、仏教上の指導者を意味しますが、一般社会であっても、よい指導者に出会うことほど大切なことはありません。「私が今日あるのは、あの方のおかげだ」と語ることのできる、人生の指導者を持っている方は幸せです。

そのような経験を耳にするにつれ、「あのとき、あ

生きる意味、
生き方を
指導してくれる
師との出会いこそが
大切です
生きがい……
生きる意味……
生きる意味とは……
生き方とは……
生きがいとは……

の方に出会えたのは幸せだった！」と自身のことを振り返る人も多いことでしょう。小学校・中学校・高等学校・大学での出会い、仕事上の出会い、それぞれに「よき指導者との出会い」の大切さを感じます。

ただ、ここで日蓮がいう「善知識に出会うことが、一番難しいことだ！」というのは、そうしたレベルを超えて、「人間としての生き方を教える師」「生きる意味の根源に導く師」という意味での「善知識」との出会いを求めていくべきだということです。

「師」などというと、古臭いとか、抹香《まっこう》臭いというイメージを持つ方がいるかもしれません。しかし、今日でも「心の導き」を求めている方は多くいます。そうした思いに応えるのが「師」「善知識」といえます。

日蓮は、本当の意味での仏陀釈尊《ぶつだしゃくそん》の道に目覚めることこそ最大の善知識（指導者）との出会いである、ということを導き続けたのです。誰でも「人生の生きがい」を求めています。いろいろな形で指導者に巡り会うためには、きちんとしたアンテナを張っておく必要があります。

日蓮の重要御書
五大部
❶

『立正安国論《りっしょうあんこくろん》』

北条時頼に奏進した日蓮の最重要著作

正しい教えを根幹に、理想的な社会づくりを

日蓮の著した書物のうち、もっとも重要な五編（『立正安国論』『開目抄《かいもくしょう》』『観心本尊抄《かんじんほんぞんしょう》』『撰時抄《せんじしょう》』『報恩抄《ほうおんしょう》』）を五大部といいます。『立正安国論』は日蓮の最重要著作で、文応元年（１２６０）、鎌倉幕府の前執権《しっけん》で、最明寺《さいみょうじ》に隠棲した最明寺入道時頼《さいみょうじにゅうどうときより》（北条時頼）に進覧した勘文《かんもん》（建言の書）です。古来、名文として知られ、「旅客来りて嘆いて曰《いわ》く」で始まる冒頭部分は、教科書にもしばしば採用されています。

奏進する数年前から、地震、水害、環境破壊、農業不振、疾病が相次ぎ、社会不安が充ち満ちていました。民衆の苦しみを、わが苦しみと受け止めた日蓮は、その惨状から脱却するために、この国の精神的立脚点を反省せねばならないと考え、仏教経典を集成した『大蔵経《だいぞうきょう》』などを検討して、その結論を執筆しました。あらゆる精神文化を検証したうえで、日蓮は仏教の意味を考え、その究極の教えを確かめていったのです。

「立正」とは正しい教えに帰依《きえ》すること、「安国」とは、そこに住む人が安全で、安心して生活できる国土を作り上げることです。近代の国家主義者たちの中には、鎌倉時代の文脈をそのまま近代に当てはめて解釈した例も見られるようです。

しかし、日蓮がいう「国」とは、近代的解釈の国家より広い概念で、むしろ物理的環境も含めた社会全般と考えたほうがいいかもしれません。「理想的な社会を作り上げるためには誤った宗教への布施《ふせ》を止め、正しい思

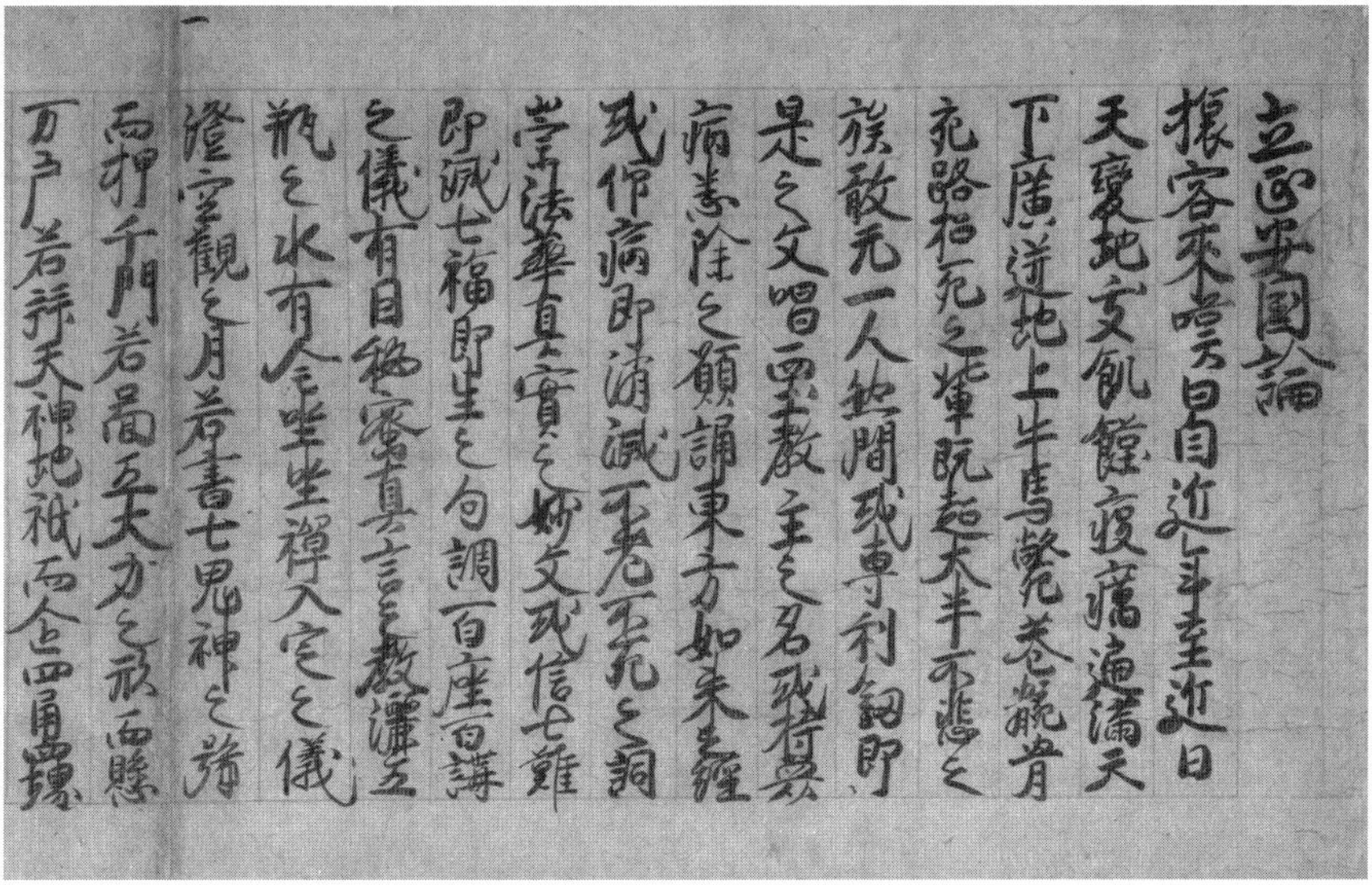

立正安国論
旅客来嘆曰自近年至近日
天変地夭飢饉疫癘遍満天
下広迸地上牛馬斃巷骸骨
充路招死之輩既超大半不悲之
族敢無一人然間或専利剣即
是之文唱西土教主之名或持衆
病悉除之願誦東方如来之経
或仰病即消滅不老不死之詞
崇法華真実之妙文或信七難
即滅七福即生之句調百座百講
之儀有因秘密真言之教灑五
瓶之水有全坐禅入定之儀
澄空観之月若書七鬼神之号
而押千門若図五大力之形而懸
万戸若拝天神地祇而企四角四堺

（国宝『立正安国論』巻頭、法華経寺所蔵　写真・東京国立博物館）

想・宗教を根本に置き、それに則《のっと》った政治を行っていくべきである」との言葉に客も心から納得し、「自分が信じるだけではなく、他の人の誤りも戒めていきます」と誓います。

汝《なんじ》、早く信仰の寸心《すんしん》を改めて
速《すみや》かに実乗《じつじょう》の一善《いちぜん》に帰せよ。
然《しか》れば則《すなわ》ち三界《さんがい》は皆、仏国《ぶっこく》なり。
仏国其れ衰えんや。

訳

あなたはすみやかに心を改めて、ただちに真実の究極の善に帰依《きえ》しなさい。そうするならば、すべての欲望に汚染されている世界がそのままに仏の世界に転換します。仏の国がどうして衰えることがあるでしょうか。

《苦難を乗り越える力①》

人を鍛えるのは、強い敵である

今の世間を見るに、人をよくなすものは、方人《かたうど》よりも強敵が人をばよくなしけるなり。

(「種種御振舞御書《しゅじゅおんふるまいごしょ》」)

訳

いまの世の中を見ると、人を強くするのは味方と思っている人ではありません。強い敵のほうが人を鍛えてくれます。

生涯、法難の連続だった日蓮が「人を鍛えるのは敵対者である」という言葉を述べているのは、人生を振り返っての実感だったのでしょう。次々と襲ってくる法難に際して、「直言《ちょくげん》は聞き入れられないものですよ」などと、したり顔で注意する人も少なくありませんでした。

けれども、そんなヤワな言葉は日蓮にとって何の役にも立ちませんでした。晩年になって、迫害を加えた敵対者こそ、真実の道を歩む日蓮を鼓舞し、鍛えた存在であったことを再確認したのでしょう。

企業に置き換えるとよくわかります。企業は競合他社に勝たなければ、成長・発展どころか倒産に追い込まれてしまうかもしれません。競争を制するために、さまざまな戦略・戦術を練り、実行することで大きくなります。競合他社こそが企業を強くし、成長させる原動力となっているのです。

《苦難を乗り越える力②》

生命には限りがある

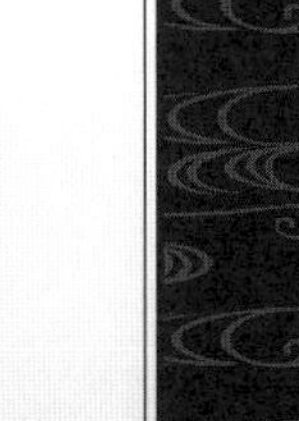

天魔外道《てんまげどう》が病をつけてをどさんと心《こころ》み候か。命はかぎりある事なり。すこしもをどろく事なかれ。（『法華証明抄《ほっけしょうみょうしょう》』）

訳

あなたの信仰を挫《くじ》こうとして天魔外道が病気をもたらしているのでしょうか。生命は限りがあるものです。少しも（天魔の脅しに）驚いてはなりません。

日蓮は苦しんでいる人をほうってはおりません。この手紙は、最晩年、自らも病に苦しむ日蓮が、重い病で臥せっている年若い信徒・南条時光《なんじょうときみつ》に対し、渾身《こんしん》の激励をしたためたものです。この手紙と同時に高弟からも励ましの口添えをさせていますが、時光の病を退散させるため自ら筆を執りました。

日蓮一門は、教えを阻止する側からの圧迫を受けました。時光も、農民信徒の迫害事件で農民を守るために尽力したことで幕府から圧力をかけられました。

この手紙でも「いろいろな心痛が重なって病気がちになるのは、天魔などがあなたの真剣さを試していると受け取りなさい」といい、「永遠の命に比べて、肉体の生命は必ず死に直面しないわけにはいかない。そのことを決して恐れず、永遠の命の自覚を深めていきなさい」と現世での精進《しょうじん》を叱咤《しった》激励しています。

苦しみに直面してこそ、道を求める心がわく

今の世には何となくとも道心をこりぬべし。此世《このよ》のありさま厭《いと》ふともよも厭われじ。

（『兄弟抄《きょうだいしょう》』）

訳

凡人《ぼんじん》は、厳しい世の中だと考えると、すべてが嫌になってしまいます。けれども、よく考えてみれば、末法《まっぽう》の世に生まれ合わせたからこそ、この世の喜びも悲しみも、そのすべてが見えてくるのです。

「道心」は、仏教では「仏道に帰依《きえ》する心」を指し、「良心」と考えることもできます。また、道心は、「人が守り、行うべき正しい道理」を求め、主体的・能動的に生きる意志でもあります。

環境に恵まれ豊かに生きることは、あらゆる人々の望みですが、安定した人生や幸福な生活からは道心は生じません。「艱難《かんなん》、汝《なんじ》を玉《たま》にす」という言葉がありますが、困難や辛苦に立ち向かうときにこそ、道心が生まれるものなのです。一般的にみても、困難を経験した人のほうが他者に対する慈愛の心を持っているものです。困難や辛苦が人間に深みを与えているのでしょう。

周囲から幸福だと見られている人も、生・老・病・死の根本的な苦しみから逃れることはできません。困難に屈しない強い心こそ、本来の意味の道心といえましょう。

《苦難を乗り越える力④》

過去世の重罪を、現世で消滅させる

今《い》ま日蓮、強盛《ごうじょう》に国土の謗法《ほうぼう》を責《せ》むれば大難の来るは、過去の重罪の今生《こんじょう》の護法に招き出《いだ》せるなるべし。

（『開目抄《かいもくしょう》』）

訳

いま日蓮が、強烈にこの国が正しい教えを誹《ひ》謗《ぼう》する罪を犯しているとがめたために、このような大難を受けることになったのです。しかしそれは日蓮が過去に犯した重い罪を消滅するために、いま仏法を守る功徳《くどく》によって、わざと招き出したものなのです。

現代に生きる私たち日本人は、過去世↓現在世↓未来世という連環を否定するのが常識です。しかし、インドでは多くの方々が過去・現在・未来のつながりを信じています。『法華経《ほけきょう》』にも仏陀や菩薩、多くの修行者が過去の自責を持っていることが明らかにされています。日蓮は、そうした教えに忠実に生きました。

引用した文章は、「過去世に犯した罪のために、この世に生まれてくるたびにひとつずつ重い業《ごう》を背負わなければならないのですが、謗法を強く責めたことで、重い業が現世にいっぺんに現れてきた」との意味です。それらの罪を現世で消すことで、後半生は安穏《あんのん》となり、未来世では理想的な国土に生まれるとされています。人の生を、ただこの一瞬だけに見るのか、悠久の生命の流れに身を任せるのか、その覚悟によって現実の苦難と格闘する姿勢が変わるのではないでしょうか。

《苦難を乗り越える力⑤》

社会の動向は精神の影である

仏法ようやく顛倒《てんどう》しければ世間も又《また》濁乱《じょくらん》せり。仏法は体のごとし、世間は影のごとし、体曲がれば影ななめなり。

（『諸経《しょきょう》と法華経《ほけきょう》と難易《なんい》の事《こと》』）

訳

日本の精神的支柱であるべき仏教が真実を見失ってきたため、社会もまた乱れて濁ってしまいました。というのは、仏教は本体のようなもの、それに対して社会はその影のようなものであるからです。本体が曲がると影もまた、ななめになるのです。

日蓮は「現実はいつも移ろいゆくものだが、その根本に真理が横たわっており、現実の社会現象は、その基幹となる真理を映す影なのである」と述べています。人々は社会現象にとらわれて右往左往していますが、その基幹にある根本の乱れとしっかり対峙《たいじ》しなければ、問題を解決することはできません。

ここでは、仏法を本体、社会を影とみなしていますが、精神や思想・哲学を本体、社会・経済・政治など

この苦しみは
法華経を見失ってしまって
いるために起こっている
のです

を影とみなすこともできます。社会や政治をよくしていくことは当然のことで、その努力は欠かせませんが、精神や思想が乱れたままでは社会はよくなりません。社会をきちんと動かしていくためにも、しっかりした思想・哲学を確立する必要があります。

鎌倉時代中期、隣国の中国では宋《そう》が滅び、元《げん》の支配するところとなりました。鎌倉の文化的基盤でもあった六浦《むつら》の港は国際港で、すでに宋の時代に戦乱を逃れた禅僧たちが、この港を経由して鎌倉に入りました。鎌倉幕府は禅宗を厚遇し、「鎌倉五山」を建立します。

禅宗が武士に受け入れられたのに対し、それ以前に中国から伝えられた浄土教は民衆の間に支持を広げました。仏教の隆盛は社会の隆盛をもたらすはずですが、鎌倉時代は飢饉《ききん》や疾病、内乱、天災などが次々に発生し、民衆は苦しみました。いったい何が間違っているのか。日蓮はその原因の究明を目指し、正しい教えである『法華経』が見失われているからである、と説いたのです。

コラム

日蓮ゆかりの地 2

清澄寺

（写真・清澄寺）

住所：千葉県鴨川市清澄322-1
- JR外房線安房天津駅よりバス。「清澄寺」下車。
- JR外房線安房小湊駅より、タクシーで約20分。

TEL：04-7094-0525
URL：http://www.seichoji.com/

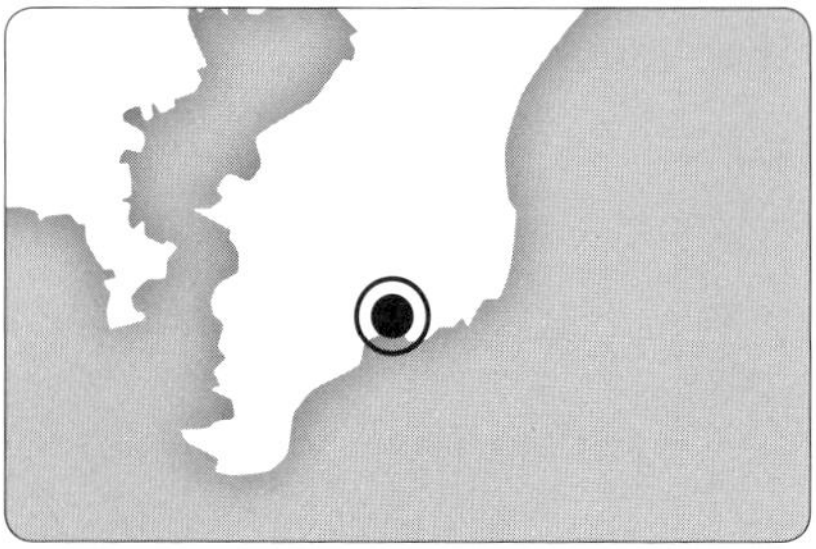

日蓮は12歳のとき、生家に近い千《せん》光山《こうざん》の清澄寺《せいちょうじ》に登り、さまざまな学問を学びました。清澄寺は承和年間（834 ～ 848年）に天台宗の慈覚《じかく》が再興し、日蓮が修学した当時は天台宗系の寺院だったといわれ、昭和二十四年（1949）に日蓮宗へ改宗しました。境内には「凡《ぼん》血《けつ》（凡夫《ぼんぶ》の血）の笹」と呼ばれる不思議な笹が生え、日蓮が血を吐いたところとされ、笹の葉に血の跡のような斑点があります。

《夫婦はともに成長する①》
柔軟な姿勢が事態を解決に導く

女人《にょにん》となる事は物に随《したが》って物を随へる身也《なり》。夫《おとこ》たのしくば妻もさかふべし。

（『兄弟抄《きょうだいしょう》』）

訳

女性の働きを示すということは、周囲や環境に順応しながら、やがてはしたがえる身となることです。夫が幸福であれば妻も繁栄するのです。

『兄弟抄』は、信仰に動揺する池上兄弟を激励するために、日蓮が筆を執った大部の書簡です。

日蓮は二人の夫人に対しても、「夫が幸せであれば、妻も繁栄する」と諭しています。また、「ヒラメという魚は片方にしか目がないので、一生つがいが離れることがない。夫妻も同様で、この法門《ほうもん》のために夫に害されることがあっても、悔やんではなりません」と夫婦一体となって危機を乗り越えるよう指導しました。

日蓮の激励と導きのおかげで、兄弟夫妻は信仰を貫き、ついには父親を『法華経』の信仰に帰伏させています。

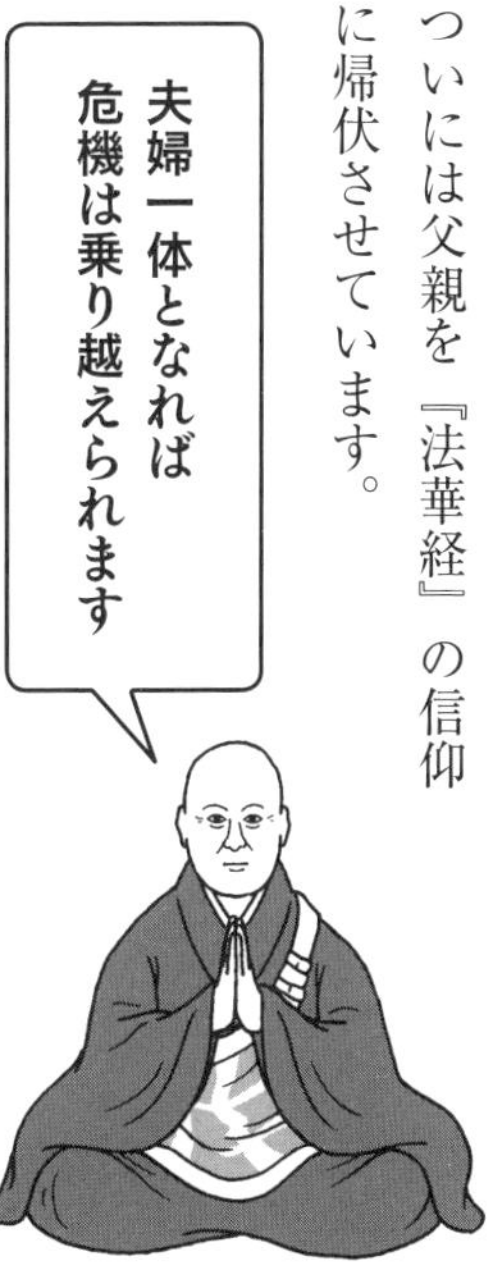
夫婦一体となれば
危機は乗り越えられます

《夫婦はともに成長する②》

父母に対する孝養を忘れてはならない

若き夫妻等が、夫は女を愛し、女は夫をいとおしむ程に、父母のゆくへをしらず。父母は衣薄けれども、我は閨《ねや》熱し。父母は食せざれども、我は腹に飽きぬ。

（「一谷入道御書《いちのさわにゅうどうごしょ》」）

訳

若い夫婦は、夫は妻を愛し、妻は夫を愛しく思うばかりであるために、父母の現在の様子に考えが及ばないことがあります。父母は着るものが乏しくても、若夫婦の寝室は温かく、父母は食べるものが満足にないのに、若夫婦は満腹しているという例を耳にします。

この手紙は佐渡国《さどのくに》石田郷の一谷入道の夫人に与えられました。一谷入道夫妻は日蓮が佐渡に流罪された際、側面から支えた人物です。

日蓮のもとを訪ねた婦人が路銀を使い果たしてしまったため、日蓮が一谷入道に金子《きんす》を拝借し、そのかわりに『法華経《ほけきょう》』を渡す約束でした。しかし、念仏信仰を捨てきれない一谷入道でなく、祖母に渡すというのが手紙の契機です。ほほえましいですね。

尊ぶ心
孝養の心

日蓮は蒙古《もうこ》襲来の実状を述べ、念仏者が無間地獄《むけんじごく》に堕《お》ちることもやむを得ないと書きながら、もしあなたが閻魔《えんま》宮に行ったときには、「日蓮が檀那《だんな》（檀家）である」と言いなさい、という温情も書いています。

また、この娑婆《しゃば》世界は釈尊《しゃくそん》の所領であり、釈尊は根本の主君・師匠・父母であることを明らかにし、同時に、釈尊の願いを受け継ぐ日蓮は日本の人々の主・師・親であることを示します。日蓮は壮大な仏教展開史を回顧し、そのうえで自身の法華経弘通《ぐずう》の意義を明快に位置づけているのです。

さらに、その行間の中で、家庭を大切にし、主・師の意義のうえに親子の情、殊に若い夫婦に孝養の肝要を説いています。まさに現代にも通じる心のこもった教訓の意味を噛みしめたいものです。

父母への孝養を忘れないように……

《夫婦はともに成長する③》

助け合ってこそ本当の夫婦になれる

をとこは柱のごとし、女は桁《なかわ》のごとし。をとこは足のごとし、女人は身のごとし。をとこは羽のごとし、女は身のごとし。羽と身とべちになりなば、なにをもんてか飛ぶべき。柱倒れなば、桁 地に堕《お》ちなん。

（「千日尼御返事《せんにちあまごへんじ》」）

訳

夫と妻の関係は柱と桁（かけ渡した横木）のようなもの、足と身体のようなもの、羽と身体のようなものです。羽と身がバラバラになったら飛ぶことはできませんし、柱が倒れたら桁が地に堕ちてしまいます。

日蓮は、女性信徒にも多数の手紙を送っています。大半が権力を持たず、地位もない無名の婦人たちでした。日蓮は、十三世紀という時代を考えれば例外的といってよい「男女平等思想」の持ち主で、「妙法蓮華《みょうほうれんげ》経《きょう》の五字を広める者は男女の分け隔てがあってはなりません」（『諸法実相抄《しょほうじっそうしょう》』）と男女の区別なく接し、女性信徒に対しても最大限に賛嘆し、激励しています。

この手紙を与えられた千日尼は佐渡《さど》の人で、夫である阿仏房《あぶつぼう》とともに、佐渡流罪《るざい》時の日蓮の衣食を世話し、

妙法蓮華経には
男女の隔ては一切ありません

懸命に支えた人物です。この手紙を与えられた前年、阿仏房は亡くなっていますから、千日尼に対して「これから夫婦仲良くやっていきなさい」といっているわけではありません。柱と桁、足と身、羽と身のように、これまで夫婦一体で歩んでこられたのですから、阿仏房を亡くされて、さぞかしお辛《つら》いでしょうね、とともに悲しんでいるのです。そのうえで、「故・阿仏房の聖霊は霊鷲山《りょうじゅせん》の山の中の（釈尊《しゃくそん》と多宝如来《たほうにょらい》とが並座まします）多宝塔《たほうとう》の中にいらっしゃいますよ」と夫の成仏を断言し、千日尼の気持ちを奮い起こしています。

なお、私たちがこの一節を解するときは柱と桁、足と身、羽と身のように、夫婦が一体となって助け合ってこそ本当の夫婦となれる、と読んでいきたいもの。理想的な夫婦のあり方を教えている一節と受け取れるでしょう。

助け合いながら
生きていくのが
理想の夫婦の形です

心の隙に最大の危険が宿る

御酒盛り、夜は一向《いっこう》に止《とど》め給へ。只《ただ》、女房と酒うち飲んでなで御不足あるべき。

（「主君《しゅくん》の耳《みみ》にこの法門《ほうもん》を入《い》れて同罪《どうざい》を免《まぬが》るる事」）

訳

夜、酒宴に出かけることは絶対にやめなさい。家で奥さんとお酒を飲んで、何の不足があるでしょうか。

この手紙を与えられた四条金吾《しじょうきんご》は鎌倉の信徒の中心的存在で、下総《しもうさ》の富木常忍《ときじょうにん》と並ぶ、日蓮門下の重要人物のひとりでした。文永八年（１２７１）の龍口《りゅうこう》法難の際には、日蓮を追って腹を切ろうとしたほどの強信者です。直情径行型の愛すべき人物ですが、気が短く、思慮に欠ける行動もあってか、日蓮から細かい注意を何度か受けています。主君の江間《えま》氏に信仰の話をしたことで怒りを買い、さまざまな迫害を受けました。同僚からも讒言《ざんげん》され、襲撃を受けたこともありました。

特に一時、四条金吾の周辺に危険がさし迫っていました。そのため、夜道で敵が襲撃する危険があるので、日蓮は夜の酒宴への参加を禁じ、女房と酒を飲んで何の不足があるのかと、危険を避け、家庭での飲酒にとどめるよう警告しています。隙があると、思わぬ事故・事件が発生するもの。日蓮は心に隙を作るな、と教えているのです。

《夫婦はともに成長する⑤》

華やかな姿を支える陰の努力

矢のはしる事は弓のちから、雲の行くことは竜のちから、男のしわざは女のちからなり。

（「富木《とき》尼《あま》御前《ごぜん》御書《ごしょ》」）

訳

矢が飛ぶのは弓の力、雲が流れゆくのは竜の力です。夫の行為は妻の力に支えられているのです。

日蓮は人情の機微を熟知しています。富木常忍の老母が亡くなった際、常忍が遺骨を持って下総国《しもうさのくに》若宮《わかみや》から甲斐国《かいのくに》（現在の山梨県）身延《みのぶ》の日蓮のもとを訪れ、回向《えこう》（死者の冥福を祈って読経をすること）を願ったことがありました。その際、供養の品に対する返礼を兼ねて、病気の夫人に送った手紙です。

「富木殿が身延へやってこられたのも尼御前の力です」と夫人の尽力を最大限に賛嘆し、「富木殿は『尼御前が老母を心から看病してくれたことのうれしさ、いつの世になっても忘れられません』と喜んでおられましたよ」と伝えています。

日蓮の手紙を通して、夫の気持ちを知った尼御前が大いに喜んだことは間違いありません。人と人の心を結んでいく、日蓮の真骨頂《しんこっちょう》がうかがえる逸話です。

日蓮の重要御書
五大部
❷

『開《かい》目《もく》抄《しょう》』

流罪地・佐渡で書き上げた畢生《ひっせい》の大作

主・師・親の三徳の恵みを一切衆生に

文永八年（1271）十一月一日、佐渡に到着した日蓮は、塚原三昧堂《つかはらさんまいどう》という一間四面《いっけんしめん》、柱が四本だけのあばら屋のようなお堂をあてがわれます。最悪の環境で、日蓮は『開目抄』を執筆するのです。当時、紙や筆、墨は貴重品で、その用意があったことに驚きを感じます。『開目抄』は遺書として書かれ、翌年（1272）二月に鎌倉の四条金吾《しじょうきんご》のもとに届けられ、内容が伝えられました。四条金吾は、龍口《りゅうこう》法難の際、殉死の覚悟で日蓮の供をした覚悟の強い門下でした。

『開目抄』は、日蓮が「法華経《ほけきょう》の行者」であることを宣言した著述として著名ですが、その書き出しは実に謙虚で、

「精神文化論」の基本、つまり、「一切衆生《いっさいしゅじょう》が重視する精神文化は儒教・外道・内道（仏教）であって、その根幹には、主の徳・師の徳・親の徳の認識が横たわっている」という精神文化総体の認識を展望します。冒頭に「一切の衆生が尊敬する基本は、主の徳、師の徳、親の徳という三徳である」と記し、それらの三徳はそれぞれの段階の指針にとどまらず、すべて久遠《くおん》の釈尊《しゃくそん》に帰一することを確言するのです。

日蓮は比叡山《ひえいざん》の遊学を終えて故郷に帰り、「我《わ》れ日本の柱とならむ、我れ日本の眼目《がんもく》とならむ、我れ日本の大《たい》船《せん》とならむ」という三大誓願を立てました。それは日蓮の心深くに養われていたのですが、ついに『開目抄』で、命を惜しまず法難と直面して「法華経の行者」であることが明らかにされました。もとより、その間の文章でイ

日蓮は、清澄山頂で、朝日に向かい立教開宗を宣言した。

（『日蓮聖人傳絵巻』写真・身延山久遠寺）

ンド・中国・日本の三国仏教を振り返り用意周到に仏教哲学を論じ、ついにその真髄が『法華経』に集約された結論を明らかにしていったのです。

我れ日本の柱とならむ、我れ日本の眼目とならむ、我れ日本の大船とならむ、等《とう》とちかいし願《がん》、やぶるべからず。

訳

私は日本の柱となろう（主の徳）、私は日本の眼となって、行く先を予見していこう（師の徳）、私は日本の大船となって国土の衆生を救済していこう（親の徳）と誓願したことを、どんなことがあろうとも破りません。

「よみがえる」ことの大切さ

妙《みょう》とは蘇生《そせい》の義也《なり》。蘇生と申すは、よみがへる義也。
（『法華題目抄《ほっけだいもくしょう》』）

訳

「南無妙法蓮華経《なむみょうほうれんげきょう》」の「妙」とは、蘇生するということを意味しています。仏道を成就する道を見失った人間が、もう一度、生きかえる意義を明らかに示しているのです。

「蘇生」とは、よみがえること。「生きかえる」「蘇活する」という意味です。ここで「妙」の意味が問われるのは、「南無妙法蓮華経」の「妙」の意味への問いかけです。

鎌倉時代の当時、「人は死んだらどうなるのか」ということが重大事として人々に迫りました。よみがえって平和な時代になったいま、長寿社会を迎えて「どのように死を迎えるのか」人々は困惑しています。同じ課題がいつの世にも迫ってくるのです。

日蓮は、遥かなる浄土への往生《おうじょう》によってではなく、『法華経《ほけきょう》』に帰依《きえ》することによって生きる現実世界において「よみがえり」を確かめる意義を説いています。

蘇生
→ よみがえる生き方
→ 希望の取り戻し

《毎日をよみがえって生きる②》

鍵を持たなければ、宝の蔵を開くことはできない

妙と申す事は開と云《い》ふ事也《なり》。世間に財《たから》を積める蔵《くら》に鑰《かぎ》なければ開く事難《かた》し。開かざれば蔵の内の財を見ず。

（『法華題目抄《ほっけだいもくしょう》』）

訳

「妙」という文字の意義には、「開く」という意味があります。世間でも、財産を収めた蔵の鍵がなければ、蔵の扉を開けることができません。扉が開かなければ、財産を取り出すことはできません。

「妙」という文字は、蔵の扉を開ける鍵であり、扉を開くこと、それ自体をも指しています。蔵の中に、どんなにたくさんの宝を持っていたとしても、蔵の扉を開くことができなければ、宝の持ち腐れに終わってしまいます。

私たちに当てはめれば、妙の一文字は、どんな人間でも持っている仏性《ぶっしょう》（仏の命）を開く鍵であり、知恵や思いやり、潜在能力、可能性などの扉を開くようなものだといえます。人間には、本人が思っているよりも遥かに大きな能力があります。その能力を開くことができるのですから、日蓮は「目が見えない人が初めて目が見えるようになって、父母の姿を見るよりもなお、うれしいことである」と述べています。

祈りは必ず叶う

大地は指《さ》さばはづるるとも、虚空《こくう》をつなぐ者はありとも、潮のみちひぬ事はありとも、……法華経《ほけきょう》の行者の祈《いのり》のかなはぬ事はあるべからず。
（「祈祷抄《きとうしょう》」）

訳

大地を指さして外れることがあったとしても、大空をつなぎとめる人があったとしても、満潮も干潮もなくなったとしても、法華経の行者の祈りが成就しないことは決してありません。

失意の中にある人たちに勇気を与えてきた一節です。「大地を指さして外れる」「大空をつなぎとめる人がいる」「潮の干満がなくなる」とは、いずれも不可能なことを挙げています。そのような不可能なことが実現したとしても、というのですから、絶対の確信を持って「法華経の行者の祈りが叶わないことはない」と断言しているのです。

『法華経』の行者とは、いうまでもなく日蓮を指しています。松葉ケ谷《まつばがやつ》の法難、伊豆流罪《るざい》、小松原《こまつばら》法難、

小松原法難で、弟子の鏡忍房《きょうにんぼう》や信徒の工藤吉隆《くどうよしたか》が命を落とした。
（『日蓮聖人傳絵巻』写真・身延山久遠寺）

龍口法難《りゅうこう》（佐渡《さど》流罪）と日蓮の生涯は大難の連続でした。そのたびに額に傷を受け、腕は折られ、首を切られそうになりました。そのようにして、いずれの法難も見事に乗り越え、日蓮は「法華経の行者」の生涯を全《まっと》うしたのです。

さらに、日蓮の門下もさまざまな苦難に直面しておりました。この手紙を与えられた最蓮房《さいれんぼう》も、病弱で、そのうえ流罪を受けた身の上でした。日蓮は、自身が流罪されているのにもかかわらず、祈りは必ず叶うことを強調しています。つまり、最蓮房の病気は必ず快方に向かい、流罪を赦免《しゃめん》されることも疑いがないと断言するのです。実際に、日蓮が赦免されてからしばらくして最蓮房も許され、のちに畿内や甲斐国《かいのくに》などで活躍したとも伝えられています。

法華経を
信じて祈れば
必ず願いは
叶います

苦しみや悲しみに心を奪われてはならない

賢人は八風《はっぷう》と申して八《やっ》のかぜにをかされぬを賢人と申すなり。利《うるおい》・衰《おとろえ》・毀《やぶれ》・誉《ほまれ》・称《たたえ》・譏《そしり》・苦《くるしみ》・楽《たのしみ》なり。をゝ心《むね》は利あるによろこばず、をとろうるになげかず等の事なり。此《こ》の八風にをかされぬ人をば必ず天はまぼらせ給ふなり。

（「四条金吾殿御返事《しじょうきんごどのごへんじ》」）

訳

賢人は八風という八つの風の害を受けないから、賢人といわれるのです。利（恵み）があれば衰（衰退）があり、誉（名誉なこと）があれば毀（破綻）があり、称（讃辞）があれば譏（非難）があり、楽（たのしみ）があれば苦（くるしみ）があります。八風に侵されないということの意味は、利があっても喜んで夢中になることがなく、衰に直面しても悲しみのあまり放心することがないということです。このような八つの風の害に侵されない人を、天は必ず守ってくださるのです。

八風は利《うるおい》・誉《ほまれ》・称《たたえ》・楽《たのしみ》のグループ（四順《しじゅん》）と衰《おとろえ》・毀《やぶれ》・譏《そしり》・苦《くるしみ》のグループ（四違《しい》）の二つのグループに分けることができます。

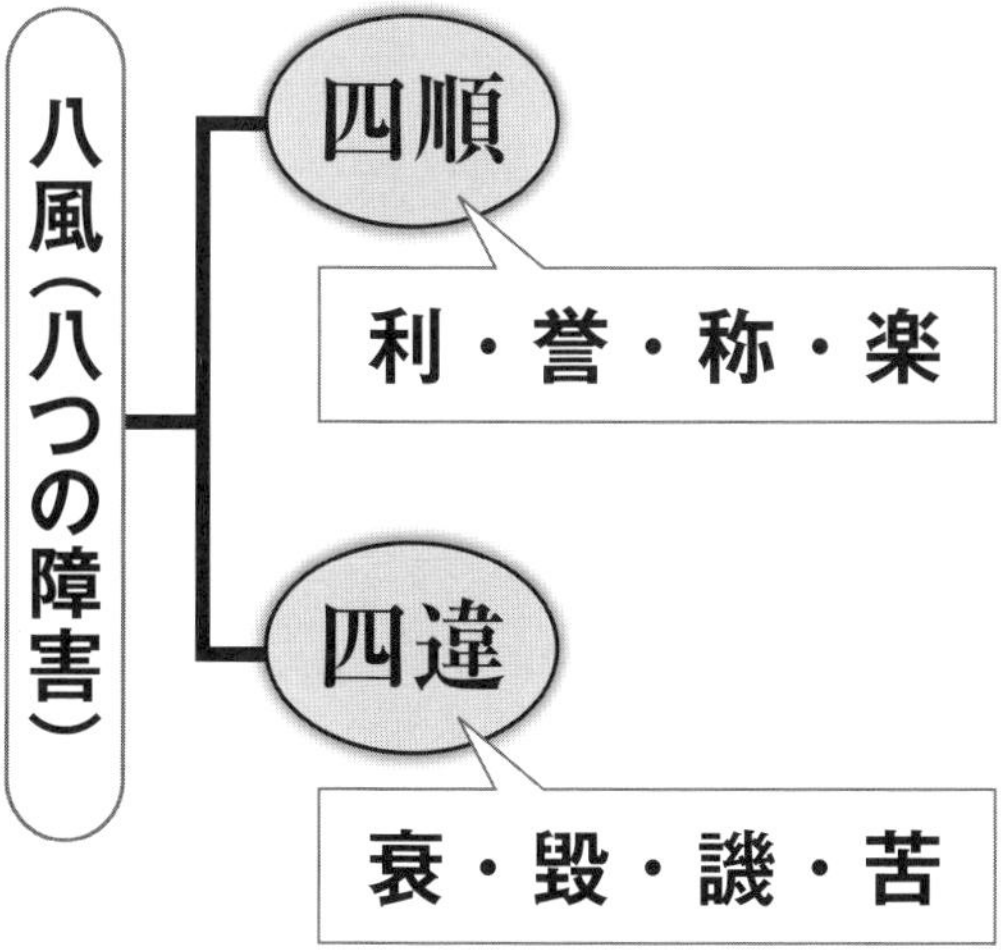
八風（八つの障害）
四順
利・誉・称・楽
四違
衰・毀・譏・苦

八風に侵されない
人間こそが
賢人である

利とは、目先の利益にとらわれて人生の目的や信念、信仰などを見失ってしまうことで、衰とは四苦八苦でいえば、老・病に苦しめられている姿といえるかもしれません。誉や毀とは、名誉や勲章が与えられたり、不名誉や不道徳を指弾されたりして道を誤ることを意味しています。称とは、人から賞賛されて慢心を起こすこと、譏とは人から悪口をいわれたり、厳しく批判されたりすることで道を求める心をなくすことで、いずれにしても、挫折の原因となります。

　賢い人とは頭の善し悪しではなく、これらの八つの障害に侵されない人を指し、賢い人を天は必ず守ってくれます。

　ただし、日蓮は門下を突き放しているわけではありません。四条金吾夫人である日眼女《にちげんにょ》には「このような乱れた世に、この殿（金吾）を佐渡《さど》まで遣わされた貴女の真心は大地よりも厚いものがあります。必ずや地神も知っていることでしょう」と陰の努力を心からねぎらっています。直接、佐渡にやってきた夫だけでなく、留守を預かる夫人にも気を配り、声をかける、日蓮が人間関係の達人であることがわかります。

ともに栄え、ともに悦ぶ

松栄えれば栢《かしわ》悦《よろこ》ぶ。芝かるれば蘭なく。情なき草木すら友の喜び友の歎《なげ》き一つなり。
（「光日上人《こうにちしょうにん》御《ご》返事《へんじ》」）

訳

松の木が栄えれば隣の柏の木も悦びます。芝が枯れてしまえば蘭も生息しません。心のない草木ですら、人間と同様に友とともに生きる悦び・悲しみを持っています。

人間は、ひとりで生きることはできません。心が弱い人であっても、誰かが支えてあげれば道を誤ることはありませんし、強そうに見えても少しの障害があるだけで音《ね》を上げる人も少なくありません。芸能人や有名タレントが事件を起こして逮捕されるニュースを耳にするたびに、両親でもいい、先輩でもいい、友人でもいい、誰か支えてやれなかったのか……と残念な気持ちになります。

もっとも、友人にも善人と悪人がいます。苦境にあるときに寄り添ってくれる友こそ、真の友人です。悪友は遠ざけ、善友に近づかなければなりません。

《己を知る①》目の前が見えないのが、凡人の悲しさ

我等凡夫《ぼんぶ》は、まつげの近きと、虚空《こくう》の遠きとは見候事なし。
（「重須殿《おもんすどの》女房《にょうぼう》御《ご》返事《へんじ》」）

訳

われわれ凡人は、あまりに眼の近くにあるために自分のまつげを見ることはできません。それとは逆に、天と地の間に無限に広がる大空はあまりに遠くて見ることができません。

弘安四年（1281）正月一日、重須殿女房（駿河《するがの》国《くに》重須郷《おもすのごう》の地頭・石河《いしかわ》氏の夫人）から蒸し餅百枚と菓子をひと籠、供養されたことへの礼状にある文章で、夫人の「地獄と仏とは、どこにあるのでしょうか？」との質問に日蓮が答えたものです。

日蓮は「凡夫は心の中に仏がいらっしゃるのを知りません。それは、まつげがあまりに近すぎて見えず、大空の果てがあまりに遠すぎて見えないようなものです」と述べています。

自身の中に仏がいるといわれても、普通の人はなかなか信じることができません。しかし、蓮華《れんげ》は清く美しい花ですが、泥の中から出てきます。それと同じように、汚れた凡夫の心の中にも、清浄な仏の命が宿っており、縁にふれて現れてくるのです。

幸福と感じるのは、あなた自身の心の美しさから

わざわいは口より出でて身をやぶる。さいわいは心より出《い》でて我をかざる。
（「重須殿《おもんすどの》女房《にょうぼう》御《ご》返事《へんじ》」）

訳

自分の口からふっと出た言葉によって、自分の身体や周囲を傷つけることがあります。幸福というものは、美しい心がそのまま表現されて、自分の身を美しくするものです。

人間関係のトラブルは、不注意な一言から始まることが多いようです。明らかに相手をおとしめるための言葉でなくても、誤解され、相手を傷つけることも少なくありません。「トラブルは言葉が原因で起こることが多く、結果的に人間関係を破壊するだけでなく、自分にとってもマイナスになりますよ」と日蓮は注意を与えています。

日蓮は別の手紙で、こんな例を披露しています。崇《す》峻《しゅん》天皇は、献上された猪《いのしし》の目を短剣で刺しながら、「いつか憎いあいつ（大臣の蘇我馬子《そがのうまこ》）を、このようにしたいものだ」と話しました。それを馬子に告げ口した人物がおり、馬子は先んじて崇峻を暗殺しました。たとえ王位の者であっても、思ったことを簡単に口にしてはいけないのです。反対に美しい言葉・行為は美しい心から出るもので、かえって自分の身を美しくしていきます。

《己を知る③》

悪人の心にも妻子への愛がある

無顧《むこ》の悪人も猶《なお》、妻子を慈愛す。菩薩《ぼさつ》界の一分《いちぶん》なり。但《た》だ、仏界ばかり現じ難《がた》し。
（『観心本尊抄《かんじんほんぞんしょう》』）

訳

何事をも顧みない悪人であっても、妻や子どもを慈しみ愛する心を持っています。これは、悟りの途中で満足することなく、どこまでも仏陀の悟りを求め続ける菩薩の「慈愛」に通じるものです。ただし、仏界だけは凡人の心の働きと結びつけて想像できるきっかけがありません。

何人もの人間を殺害した、このうえない悪人であっても、なお自分の妻や子を愛する気持ちを持っているものです。その慈愛の気持ちは、一切の衆生《しゅじょう》を救済しようと精進している聖人たちの姿に通じるものがあり、悪人の心の中にある菩薩界の命の一部ということができます。

どんな人間であっても菩薩界や仏界の命は持っています。ただし、鍵がなければ、その扉を開くことができません。いったん扉を開くことができさえしたら、自分でも思ってもいなかったような途方もない力や人格が備わってくるものです。一番いけないのは「どうせ自分はこの程度の人間だ」と決めつけてしまうことです。「自分にはまだまだ力がある」「絶対にこの難関は突破できる」と信じ、努力していくことで、不思議なことにどんどん能力や創造性が高まっていきます。

大切に包まれているものの価値に気づけ！

袋きたなしとて金《こがね》を捨《す》つる事なかれ、伊蘭《いらん》をにくまば栴檀《せんだん》あるべからず。

（「祈祷抄《きとうしょう》」）

訳

袋が汚いからといって、袋の中の黄金を捨ててはいけません。悪臭を放って、栴檀の木の香りを失わせる伊蘭の木を嫌えば、芳香を出す栴檀の木も失ってしまいます。

日蓮の門下となった者の中には、日蓮が幕府の要人によって重んじられ、大きな寺院が建立される期待もあったことでしょう。ところが、日蓮を待っていたのは龍口《りゅうこう》法難であり、佐渡《さど》流罪《るざい》という仕打ちでした。門下の大半は失望し、日蓮のもとを去りました。

しかし、日蓮は決して状況に屈しません。この一節は「袋（日蓮）が汚いからといって、その中の黄金（日蓮が指し示す『法華経《ほけきょう》』の教え）まで捨ててはならない」と弟子・信徒、広くは日本国の一切衆生《いっさいしゅじょう》に呼びかけたものと解することができます。

伊蘭はインドの伝説の木で、死臭に似た臭いを発するとされていました。ただし、香りのよい栴檀の木は伊蘭の林の中に生じるとされ、伊蘭を嫌ったら、栴檀の木も手に入れられません。ものごとの上っ面《つら》だけを見て評価してはならないと教えているのです。

コラム

日蓮ゆかりの地 3

鎌倉・龍口刑場跡

神奈川県藤沢市片瀬にある鎌倉時代の刑場跡。文永八年（1271）9月12日の深夜、日蓮はここで斬首されそうになりました（龍口《りゅうこう》法難）。そのとき、江ノ島の方角から巨大な光りものが出現し、法華経の行者・日蓮の命は救われたといわれています。

「龍口刑場跡」碑と立札のほか、日蓮の筆を写した「南《な》無《む》妙《みょう》法《ほう》蓮《れん》華《げ》経《きょう》」の碑も見ることができます。

住所：神奈川県藤沢市片瀬3-13-37
- 江ノ島電鉄江ノ島駅下車、徒歩で約3分。
- 湘南モノレール湘南江ノ島駅より徒歩で約5分。
- 小田急線片瀬江ノ島駅より徒歩で約15分。

TEL：0466-25-7357

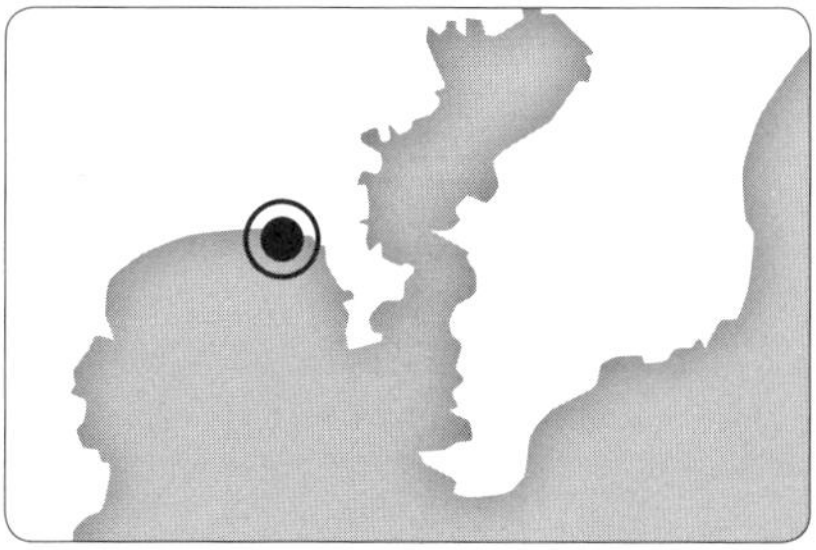

日蓮の重要御書

五大部

③

『観心本尊抄《かんじんほんぞんしょう》』

佐渡流罪時に書かれた日蓮思想の中核

法華経の経題を称えるだけで、釈尊と同体の仏に

通称『観心本尊抄《かんじんほんぞんしょう》』と略称されますが、正式には『如来《にょらい》滅後《めつご》五五百歳《ごごひゃくさい》始《し》観心本尊抄』です。著述されたのは、日蓮があばら屋のような塚原三昧堂《つかはらさんまいどう》から石田郷一谷《いしだのごういちのさわ》に移された後の文永十年（1273）のことでした。

ある程度生活環境がよくなった中で、あらためて日蓮の仏教哲学の真髄を書き上げ、下総《しもうさ》の富木常忍《ときじょうにん》に預けますが、その副状《そえ》に「三人四人で座を並べて読んではならない」と、慎重な取り扱いを命じています。弟子たちは活動して一ヵ所に止住しませんので、文書の取り扱いに厳しい富木氏に託したのです。

本書の後半の用紙には、特に重要な法門のために高級な雁皮紙《がんぴし》が用いられたと推考されています。富木氏は、本書や『立正安国論』をはじめ、日蓮の数多くの遺文を二十四時間態勢で鄭重に保管し、数百年にわたって中山法《ほ》華《け》経《きょう》寺《じ》寺外への搬出を禁じてきたのですが、本書は最重要書として特に厳重に護持されています。

「如来滅後」とは釈尊《しゃくそん》が入滅《にゅうめつ》された後のこと。その後、五百年ごとに人々が徐々に仏教を忘れていき、第五の五百歳の末法のはじめには、仏法を忘れてしまうと予言されています。その人心の衰えた「五五百歳の始」のために『法華経』による救いの法が明らかな光のように希望をもたらすという「法華経の未来記（予言）」の意味を明らかにしたのが本書なのです。

末法の衆生《しゅじょう》のために、久遠《くおん》釈尊の永遠にわたる修行と久遠の導き、すなわち「因行《いんぎょう》の法」と「果徳《かとく》の法」が、

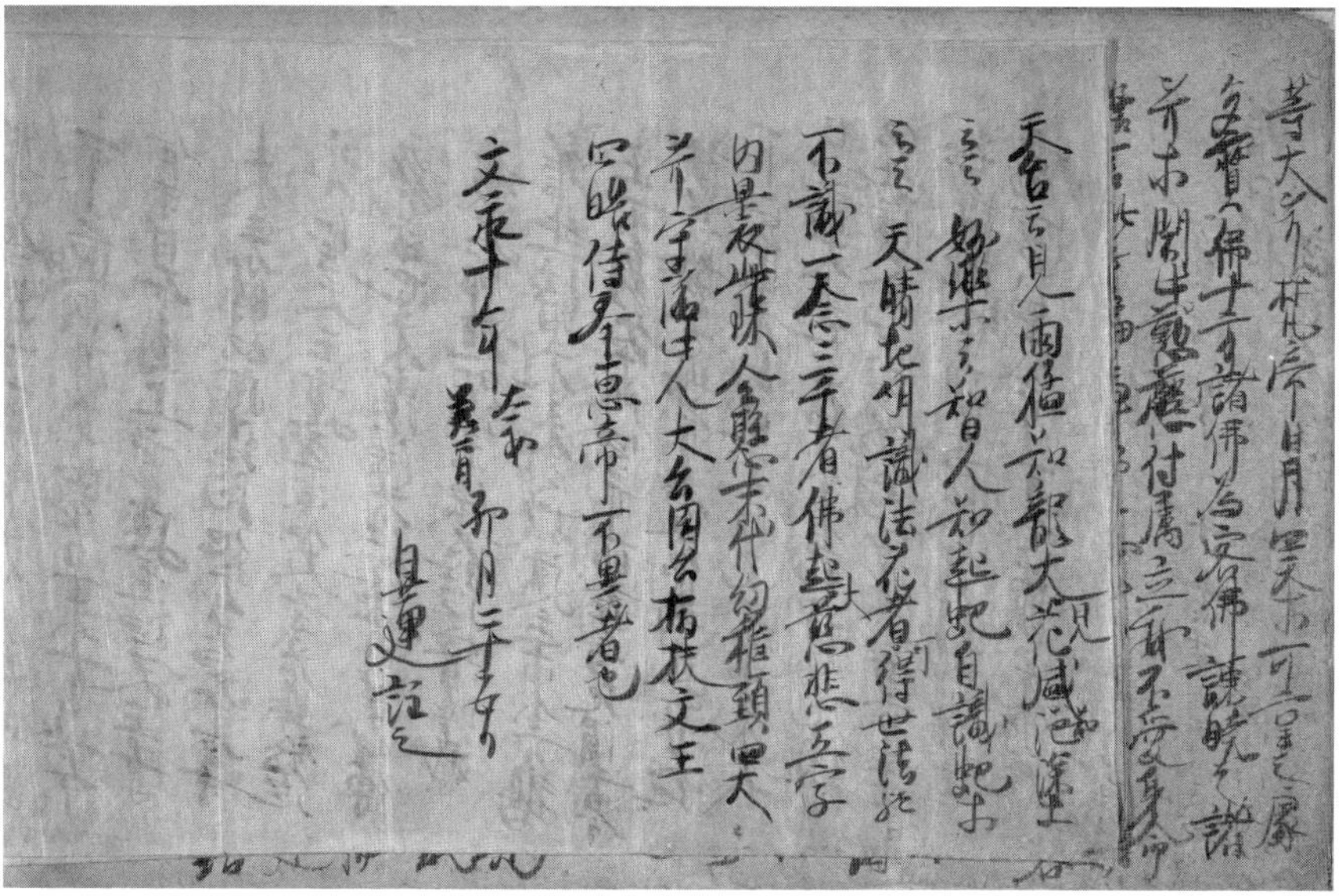

（国宝『観心本尊抄』奥書、法華経寺所蔵　写真・東京国立博物館）

すべて「南《な》無《む》妙《みょう》法《ほう》蓮《れん》華《げ》経《きょう》」に凝集されている仏教哲理の最高峰が綿密に著されたのです。

釈尊の因行果徳の二法は妙法蓮華経の五字に具《ぐ》足《そく》す。我等《われら》此《こ》の五字を受持《じゅじ》すれば自然《じねん》に彼《か》の因果《いんが》の功徳《くどく》を譲り与え給う。

訳

釈尊の修行のすべて（因行）と悟りの徳のすべて（果徳）は妙法蓮華経というわずか五字に具備されています。凡夫《ぼんぷ》であるわれわれが、この妙法五字を信受し念持すれば、おのずと釈尊の因行の功徳《くどく》・果上の功徳を譲り与えられ、釈尊と同体の仏となるのです。

魅力があるがために殺される

石は玉《ぎょく》をふくむ故にくだかれ、鹿は皮肉の故に殺され、魚はあぢはひある故にとらる。翠《すい》は羽ある故にやぶらる。女人は見《み》目《め》形《かたち》よければ必ずねたまる。

（「弥《や》源《げん》太《た》殿《どの》御《ご》返《へん》事《じ》」）

訳

石は、「玉」と呼ばれる東洋の宝石を内包しているために粉々に砕かれます。鹿は綺麗な毛皮と美味な肉を持っているので、そのために殺され、魚もおいしいために人に獲られます。カワセミ科の鳥、かわせみは美しい羽のために捕獲され、同様に美貌《びぼう》の女性は必ず嫉《しっ》妬《と》を受けるのです。

人はどのようにして、さまざまな苦難を受けるのでしょうか。才能に恵まれた人を私たちはうらやましく思います。しかし、素晴らしい才能を持つ人や絶世の美人はそれゆえに苦労します。

東洋の宝玉《ほうぎょく》は（現代の宝石のイメージと違って）石を割ってその中から取り出し、それを磨いて宝玉とします。宝玉を内蔵する石は粉砕されてしまいます。鹿

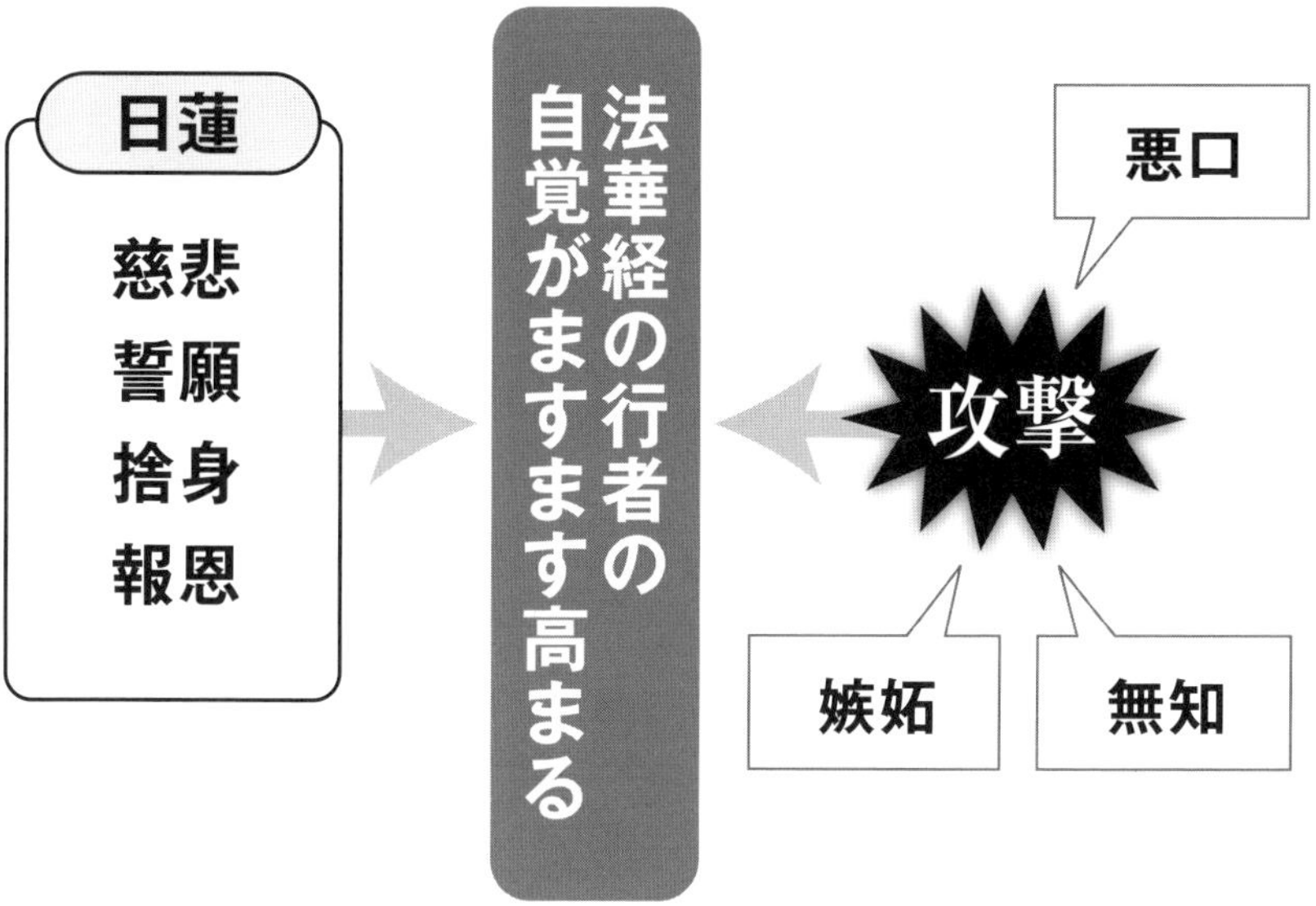
日蓮
慈悲
誓願
捨身
報恩
法華経の行者の自覚がますます高まる
悪口
攻撃
嫉妬
無知

や魚やかわせみは、それぞれ美や食の対象として捕獲され、美しい女性は、それだけで嫉妬の対象にされてしまうのです。

「法華経《ほけきょう》の行者」は、世相に流されず、人々の苦悩と対面し、久遠《くおん》の釈尊《しゃくそん》が末代の衆生《しゅじょう》のために説き遺された「『法華経』の未来記」の真髄を広く明らかにするのが、その使命です。日蓮はその使命に生きることを決意し、それ以外のことには目もくれず、従って地位や名誉などとは無縁です。世間の常識からは理解されず、僻人《ひがびと》（偏った人物）と見られようともその決意に生きるのです。

「弥源太殿御返事」は「そもそも日蓮は日本第一の僻人なり」という書き出しです。弥源太は北条の幕閣要人とも見られ、日蓮への帰依《きえ》には相当な覚悟を要したからこそ、そのように書き、日蓮が現実的危難を受けている国の深い危機の本源を案じて「身命を失うことを惜しまないから僻人と見られても泰然としている」と、その覚悟を持って弥源太を指導しているのです。

助けるものが、破壊の原因となる

水は能《よ》く舟をたすけ、水は能く舟をやぶる。五穀は人をやしない、人を損ず。小風は大船を損ずる事かたし。大波・大風には小舟やぶれやすし。

（『神国王御書《しんこくおうごしょ》』）

訳

水というものは、船を助けるはたらきを持っていますが、同時に小さな舟を破壊するものでもあります。米・麦・粟《あわ》・豆・黍《きび》といった重要な穀物は人間の栄養となるものですけれども、食べすぎれば身体の調子を悪くします。おだやかな波や風は大きな船の航海を助けますが、大波や大風に吹かれれば、小さな舟は破損しやすいものです。

『神国王御書』は「国土の盛衰について考えるには、なによりも仏教の鏡に映してみることが大切である」趣旨を明らかにしています。すなわち第二十九代欽明《きんめい》天皇以前にはまだ仏教が渡来しなかったとして神々の国であった時代を振り返り、次いでその後の仏教の展開を明らかにします。しかし、大切な仏教が渡ってき

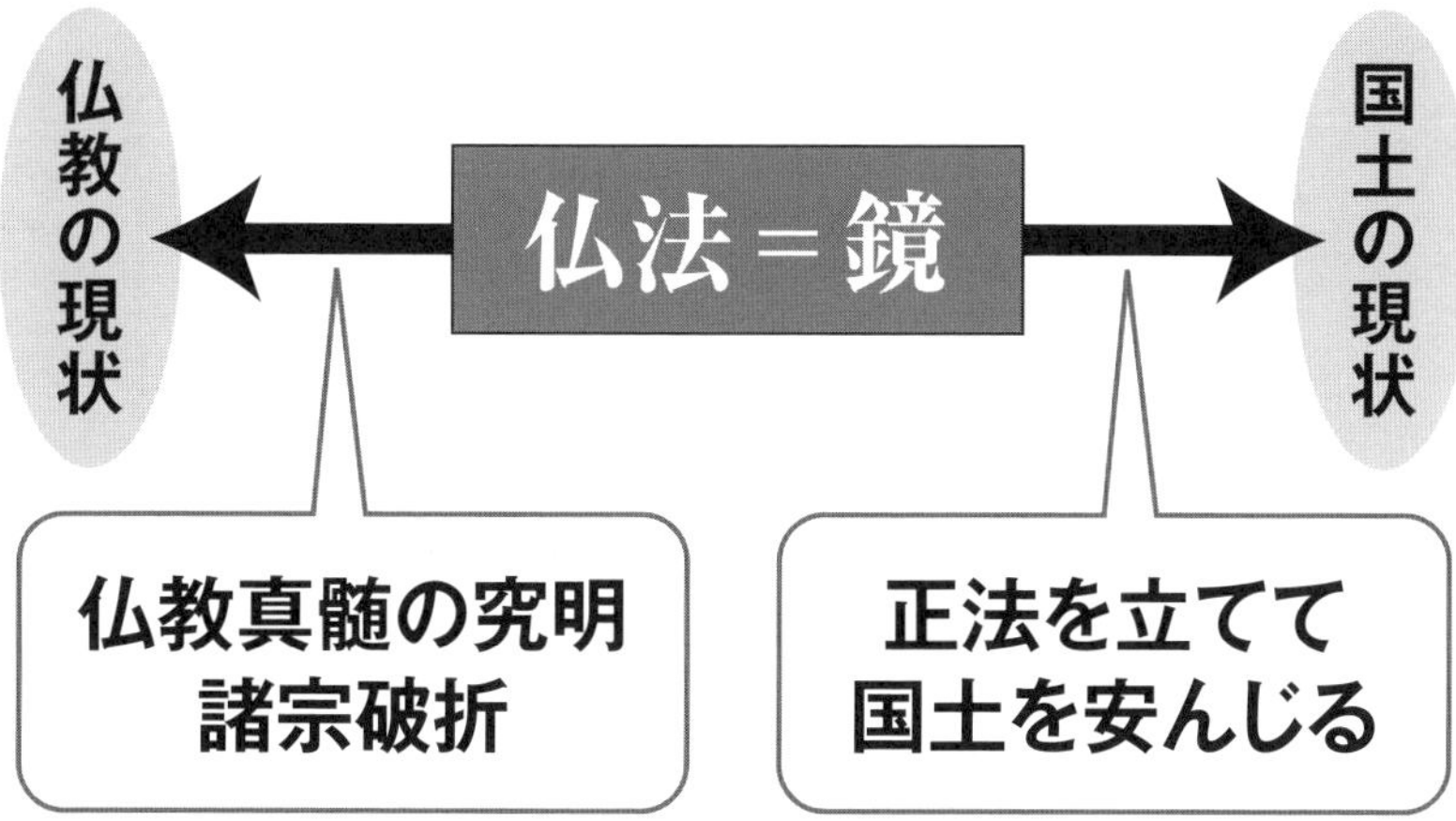
仏教の現状
仏法＝鏡
国土の現状
仏教真髄の究明
諸宗破折
正法を立てて
国土を安んじる

てもその真髄を見極めなければならないと強調します。

掲げた言葉の通り、水の力はすごいもので船の運航を助けますが、同時に舟を壊してしまうことがあります。穀米は適切に補給しないと害を引き起こします。小さな波や風は快適さをもたらしますが、大波や大風は小舟を流します。日蓮の眼は「人間社会の現実を見《み》据《す》えるならば、国の政治（国法）は小波や微風のようなもの。仏法という根源的な精神の導きが適切に行われなければ国が破壊することに連動する」という警告につながっているのです。

龍口《りゅうこう》法難後、佐渡《さど》流罪《るざい》を許された日蓮は身延《みのぶ》に入山します。本書は身延山で文永十一年（1274）に執筆されましたが、その二ヵ月後、蒙古《もうこ》襲来《しゅうらい》が現実のものとなります（文永の役）。日蓮が諸宗を批判するのは、仏教の真実と社会状態という現実的な問題意識感覚が基盤にあるのです。

揺れ動く現代社会と重ね合わせて考えてみると、表面的な現象に左右されず、世界情勢を精神的基本から見据える奥深い認識と重なって見えてきます。

凡人はまことの約束を忘れてしまうものだ！

天の加護なき事を疑はざれ。現世の安穏《あんのん》ならざる事を嘆かざれ。我弟子《わがでし》に朝夕教へしかども疑ひををこして皆捨てけん。つたなき者のならひは約束せし事をまことの時は忘るるなるべし。

（『開目抄《かいもくしょう》』）

訳

『法華経《ほけきょう》』を信奉する者には当然、加護があるはずなのに、なぜ天の守りがないのかと疑ってはなりません。現在の世の中が平穏無事でないことを悲しんではいけません。そのようなことは、日蓮が弟子たちに朝に夕に教えてきたことなのですが、それにもかかわらず疑いを起こして、皆が一様に日蓮の教えを捨ててしまったのでしょう。愚かな者はいつでも、約束したことをここ一番というときに忘れてしまうものなのです。

日蓮の門下は龍口《りゅうこう》法難から佐渡流罪《さどるざい》にかけて壊滅的な状態に陥りました。迫害を受けたのは日蓮だけではありません。門下もさまざまな難を受けました。耐えきれずに信仰を捨てた人間は数えきれません。

佐渡に流された日蓮は、隙間だらけの壁で寒風が吹き込む荒れ果てた三昧堂《さんまいどう》で、ひたすら経文を読み続けた。（『日蓮聖人傳絵巻』写真・身延山久遠寺）

門下の疑いは「『法華経』を信仰すれば、もろもろの天や善神が加護してくれ、現世は安穏に過ごせると聞いていたのにちっとも安穏ではないではないか。むしろ次々に難が襲いかかってくる。これは日蓮の教えが間違っているのではないか。日蓮は、本当は『法華経』の行者ではないのではないか」ということでした。

こうした門下の疑いに答え、さらに大所から自身が『法華経』の行者であるとの確信を述べたのが、佐渡で執筆された畢生《ひっせい》の大著『開目抄』でした。弟子・信徒たちに対し、広くは日本国の一切衆生《いっさいしゅじょう》に対し、「日蓮の真実、『法華経』の真実に目を開け」と呼びかけた書だといえます。

引用部分は、「私と私の弟子よ、いろいろな難があったとしても、疑う心がなかったならば、自然に仏界に至るでしょう」という一節に続いて書かれています。

愚かな者は約束したことを、ここぞというときに忘れてしまうと弟子たちを叱責《しっせき》しています。約束は今生《こんじょう》のものだけではありません。過去世で、あれほど「末法に法華経を広めます」と誓ったのに、それを忘れてしまったのかと厳しく指摘しているのです。

子どもに育てられる

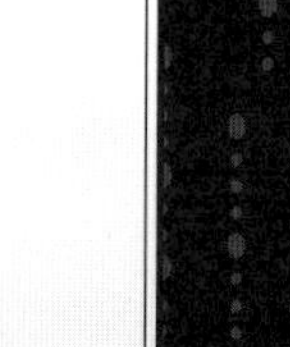

抑《そもそも》子は敵《かたき》と申す経文《きょうもん》もあり。……梟《ふくろう》鳥と申すとりは生れては必ず母を食らう。……又、子は財《たから》と申す経文もはんべり。……設《たと》ひ仏説ならずとも眼の前に見えて候。

（「千日尼御返事《せんにちあまごへんじ》」）

訳

そもそも「子は親に敵対するものである」と説く経文……梟鳥という鳥は生まれると成長して必ず母鳥を食べてしまう悪鳥だという言い伝えがあります。……しかしまた、「子は財産である」という経文もあります。……たとえ仏説を聞かなくても、そうした事例は毎日の生活の中でよく見ていることです。

この手紙で親子の例を多数挙げているのは、阿仏房《あぶつぼう》と千日尼の子である藤九郎守綱《とうくろうもりつな》が、身延《みのぶ》にいる日蓮のもとにやってきたからです。日蓮が「北国の導師《どうし》（指導者）」と信頼を寄せていた阿仏房が亡くなった後、藤九郎守綱は弘安二年（1279）七月二日、父の遺骨を持って日蓮を訪ね、回向《えこう》を願いました（菩提《ぼだい》を弔っていただいたのです）。翌年七月には、前年に建立

した父の墓に詣でています。その際、日蓮は千日尼に供養《くよう》の礼をしたためるとともに、立派に成長した子息をほめ、「藤九郎守綱は（阿仏房の）跡を継ぎ、見事な『法華経《ほけきょう》』の行者となられました」「子に過ぎたる財はありません」と書き送りました。

日蓮は、子が親に敵対したり、害したりする例を紹介します。ふくろうは生まれると必ず母鳥を食べるという伝説を述べた後、安禄山《あんろくざん》が養母を殺したこと、その安禄山が子の安慶緒《あんけいしょ》に殺されたこと、安慶緒は臣下の史思明《ししめい》に殺されたが、その史思明も子の史朝義《しちょうぎ》に殺されたこと、釈尊《しゃくそん》の子である善星比丘《ぜんしょうびく》がたびたび父を殺そうとしたことなどを取り上げています。

次に子が宝となる例として、馬に変えられた父を取り戻した子の話、釈尊の弟子の目連《もくれん》が餓鬼《がき》界に堕《お》ちた母を仏教の力で救った話、浄蔵《じょうぞう》・浄眼《じょうげん》という兄弟が父をして釈尊の教えに開眼させた話などを紹介しました。親を害する子も多い中、藤九郎守綱が阿仏房・千日尼夫妻にとって、このうえない財となっていることを喜んだのです。

コラム

日蓮ゆかりの地 4

●塚原山根本寺

（写真・佐渡市役所）

文永八年（1271）10月末、佐渡に到着した日蓮は、11月１日、死人を捨てる場所にあった塚原三昧堂《つかはらさんまいどう》で流罪生活をスタートさせました。現在、この地には根本寺《こんぽんじ》が建っています。その後、幾多の困難を乗り越えて伽藍《がらん》が整備されました。

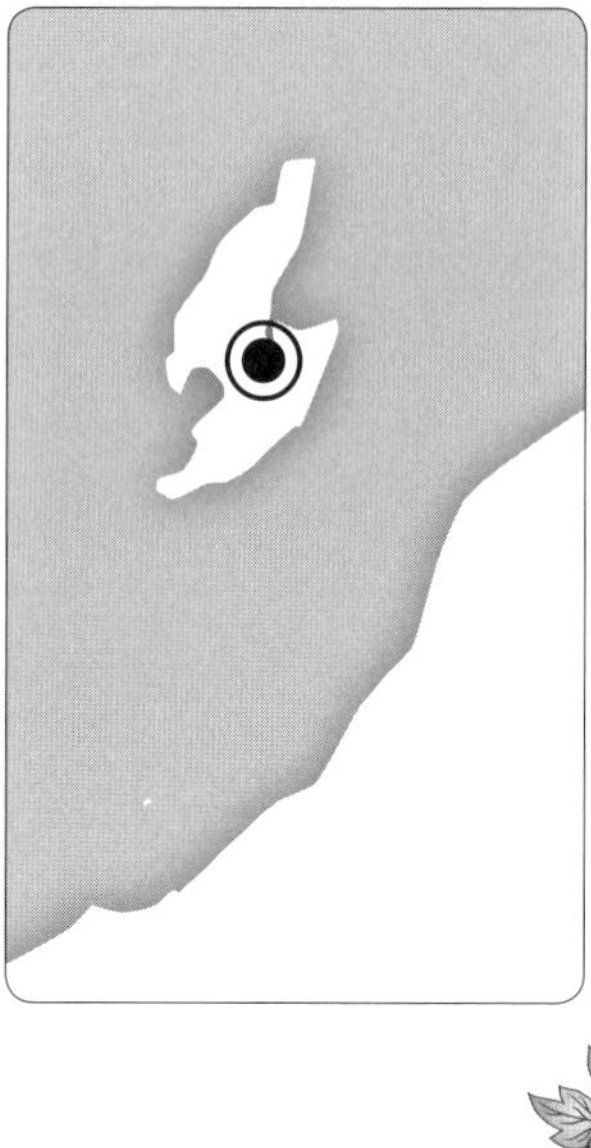

住所：新潟県佐渡郡新穂村大字大野1837
●両津港よりバス。「根本寺前」下車。
TEL：0259-22-3751
URL：http://www.sado-konponji.com/

《人として生まれた喜びを思え①》

笑顔の背後にある涙の思い

鳥《とり》と蟲《むし》とは鳴《な》けども涙をちず。日蓮は泣かねども涙ひまなし。

（『諸法実相抄《しょほうじっそうしょう》』）

訳

鳥と虫は鳴きますが、涙を流すことはありません。日蓮は泣くことはありませんが、涙の絶える間がないのです。

「涙ひまなし」といっても、悲しくて涙を流しているわけではありません。「うれしいときにも涙を流し、辛《つら》いときにも涙を流します。涙は善悪に通じるものです」と述べているように、日蓮の涙は喜びの涙であり感激の涙です。『法華経《ほけきょう》』に書かれている大難に遭ったことで、身をもって『法華経』を読むことができたと喜び、現在受けている大難によって未来に仏となることが約束されたことに感激の涙を流しているのです。

いま、日蓮が『法華経』の行者であることは間違いありませんから、必ずや『法華経』の会座《えざ》に参加していたはずで、未来世には確実に道場（悟りが得られる場所）に至ることができるでしょう。そのことを考えると、喜びは量ることができません、と心情を吐露《とろ》しています。

人に生まれた喜び

人身《にんしん》は受けがたし、爪《つめ》の上の土。人身は持ちがたし、草の上の露。百二十まで持《たも》ちて名を腐《くた》して死せんよりは、生きて一日なりとも名をあげん事こそ大切なれ。

（「崇峻天皇御書《すしゅんてんのうごしょ》」）

訳

人間に生まれることは、なかなか得難《がた》いことといわれます。それは、足の爪の上にたまたま乗る土がわずかであるのと同様に、とてもまれなことです。また、人間として生き続けるのは難しく、それは草の上の露のようなものだといいます。しかし、百二十歳までただ意味なく長生きして、自分の名を傷つけてから死ぬよりも、一生懸命生きて、一日であろうと名をあげることこそが大切なのではありませんか。

人間として生まれることは、たやすいことではないとされます。過去世の行いによっては、鹿や猪《いのしし》になって人間に狙われたり、魚になって人間に釣られたり、蚊や虻《あぶ》になって人間に殺されたりすることもあるとい

人間の命＝はかない

↓

命を大切にする

- **病に苦しむ人**：病気に立ち向かう
- **武士**：名をあげる

それぞれの立場で
人としての人生を
過ごしなさい

うのです。人間に生まれることができる可能性は爪の上の土程度、たまたま人間として生まれてきたとしても、病気や思わぬ事故で命を落とす人も多く、人の命は草の上の露程度にはかないもの。それゆえに名誉を重んじて生きよ、と日蓮は述べます。

この手紙は武士である四条金吾《しじょうきんご》に与えられたものですから、「百二十歳まで長生きして、自分の名を傷つけてから死ぬよりも、たとえ一日であろうと、名をあげることこそが大切なのではありませんか」と述べています。また、病気で苦しむ女性に対しては「(命を)たった一日でも延ばすことができたら、千万両の黄金にもかえることはできません」「太陽のような智者《ちしゃ》であっても、若死にしたなら生きている犬よりも劣っています」と命の大切さを説いています。

恥を嫌い、名誉を重んじる武士には意味もなく生きるよりも名をあげることを、病気で弱気になっている女性には「命以上の財はありません」と、気力を奮い起こし、病気に立ち向かいなさいと述べているのです。

人生を賭けるに足るものに出会えた喜び

なにによりもうけがたき人身《にんしん》、
値《あ》ひがたき仏法に値ひて候に、
五尺の身に一尺の面《かお》あり。そ
の面の中、三寸の眼《まなこ》二つあり。
一歳より六十に及んで多くの
物を見る中に、悦《よろこ》ばしき事は
法華《ほっけ》最第一の経文《きょうもん》なり。
（『慈覚大師《じかくだいし》の事《こと》』）

訳

人に生まれることはどんなことよりも難しく、仏法に出会うことも難しいのです。われわれの五尺（約一メートル五十センチ）の身体には一尺（約三十センチ）の顔があり、その顔には三寸（約九センチ）の眼が二つあります。この世に生を受けてから、いま六十歳になるまでいろいろなものを見てきましたが、悦ばしいことはあらゆる経典の根本をなしている『法華経《ほけきょう》』に出会ったことです。

人間として生を受けることはなかなか困難なこと。さらに仏法に出会うことはそれ以上に難しい。ここでは、日蓮にとって『法華経』という最上の教えに出会えた喜びが語られます。百五十センチあまりの身体に三十センチほどの顔。その中央にある眼識によってい

日蓮は、鎌倉小町大路の町辻で『法華経』の法門を説いた。
（『日蓮聖人傳絵巻』写真・身延山久遠寺）

ろいろなものに出会ってきたが、そのうちの最高の喜びは、仏典の中で最高の『法華経』に出会えたことだと、その喜びの境地を書いているのです。

日蓮の『法華経』との出会いは、少しずつその意義が深められます。佐渡《さど》で仏陀釈尊《ぶつだしゃくそん》の未来記（予言）を確かめた日蓮は、『顕仏未来記』に「安房国《あわのくに》出身の日蓮は、教主釈尊・天台大師《てんだいだいし》・伝教大師《でんぎょうだいし》という偉大な法華経流通の三師の奏承を受けて、末法《まっぽう》の世に『法華経』の真髄を広めるのです」と、力強く喜びを表現しました。「釈尊・天台・伝教の三師の系譜の上に、日蓮の一師を加えて三国四師《さんごくしし》」と名づけるという、大いなる自覚に到達したのです。

日蓮は「流罪《るざい》の身であるが、『法華経』の教えを明らかに伝え、久遠《くおん》釈尊の説く『法華経』の光明《こうみょう》に照らされて、喜悦図りなし」と心境を語っています。これは、日蓮がその使命の覚悟を明らかにするところです。その境地は、凡人には計り知ることのできないところですが、南無妙法蓮華経《なむみょうほうれんげきょう》を称えることにある奥深い意義に、日々目覚めていく大切さを知るのです。

心がひとつに集約されたときの力のすごさ！

一人の心なれども二つの心あれば、其《そ》の心違《たが》いて成《じょう》ずる事なし。百人千人なれども、一つ心なれば必ず事を成ず。

（「異体同心事《いたいどうしんじ》」）

訳

ひとりの心であっても、ふたつの異なった考えがあれば、その心が一致しないために目的を達成することができません。それとは逆に、百人、千人となっても、お互いの心がひとつになれば、必ず目的を達成できます。

チームワーク・団結の重要性を説いた一節です。異体同心（身体は異なっていても、同じ心でいること）であれば、すべてのことが叶えられるが、同体異心（身体が同じであっても、心が異なっていること）であれば、なにひとつ叶わないと断言しています。

心とは、志や目的とも解釈できます。志を同じくする人間が一致団結すれば、たとえ人数は少なくても、必ず突破口を開くことができます。

日蓮は、周の武王《ぶおう》が殷《いん》の紂王《ちゅうおう》を滅ぼした故事にふれ、

南無妙法蓮華経
『法華経』の教えによってこの世の中を力強く生きていきます……

「殷の紂王は七十万騎といわれる兵力を備えていたが、同体異心だったので戦いに負けてしまいました。対して周の武王の勢力は当初、八百人しかいませんでしたが、異体同心の団結で見事に勝利をおさめました」と述べています。数々の戦いの歴史などを見てもわかるように、兵力の多少によって勝敗が決するわけではありません。

この手紙が書かれた時期、駿河国《するがのくに》（現在の静岡県）富士郡熱原郷《ふじぐんあつは(わ)らのごう》で、日蓮の門下となった農民信徒に対する圧迫が強くなっていました。のちに、中心的な人物二十人ほどが捕らえられ、身柄を鎌倉の平左衛門《へいのさえもん》尉頼綱《のじょうよりつな》の屋敷に送られます。厳しい取り調べと拷問《ごうもん》が続き、最終的に神四郎《じんしろう》ら三人の中心者が斬罪となり、残りの人間は追放処分を受けました。

この手紙は法難が激しくなる直前、駿河の有力信徒に送られたものと見られ、一致団結して、ことに臨むよう厳命しています。その言葉通り、捕らえられた二十人の結束は最後まで揺らぎませんでした。

十界の存在は人の表情から推察できる

瞋《いか》るは地獄、貪《むさぼ》るは餓《が》鬼、癡《おろ》かは畜生《ちくしょう》、諂曲《てんごく》は修《しゅ》羅《ら》、喜ぶは天、平《たい》らかなるは人也《なり》。他面の色法《しきほう》に於《お》ては六道共に此《こ》れ有り。四聖《ししょう》は冥伏《みょうぶく》して現れずとも、委《い》細《さい》にこれを尋ねばこれ有るべし。

（『観心本尊抄《かんじんほんぞんしょう》』）

訳

怒りは地獄界、貪欲は餓鬼界、道理を失うのは畜生界、へつらいは修羅界、喜ぶのは天界、平常なのは人界です。このように他人の表情から六道の世界があることが読みとれるのです。声聞《しょうもん》・縁覚《えんがく》・菩薩《ぼさつ》・仏の四つの尊い法界はそう簡単には現れません。しかし、存在することは推察できます。

六道輪廻《ろくどうりんね》という言葉を聞いたことがあると思います。地獄界・餓鬼界・畜生界・修羅界・人界・天界の六道。その迷いの世界の生死をくり返しているのです。地獄とは生命を殺す世界。畜生とは倫理のない世界。餓鬼とは飢えの世界。修羅とは闘争から抜け出せない世界。人界とはいろいろな苦悩のある人間の世界。天界とは神々の世界です。それぞれの世界にある者が苦しみ悩

四聖《ししょう》	仏界	
	菩薩界	
	縁覚界	
	声聞界	
六道《ろくどう》	天界	
	人界	
	修羅界	
	畜生界	
	餓鬼界	
	地獄界	

みから脱却することを願い、修行を望みます。

さまざまな修行のうえに、さらに仏陀《ぶっだ》の教えを聴聞して悟りを求めるのが声聞。自身でその境地を体得したのが縁覚。仏陀の境地を目指して菩薩道を修行するのが菩薩。そして、ついに最上界の仏界。この十界を十法界といい、私たち自身の中にこの十法界が内蔵されていることが明らかにされて、生きることに伴う迷いの世界が示される反面、仏陀の悟りに通じる道が説かれるのです。

天台大師《てんだいだいし》は『魔訶止観《まかしかん》』を説き、その行法を綿密に修行しました。ですが、末法《まっぽう》においてはそうした修行は不要で、南無妙法蓮華経《なむみょうほうれんげきょう》の題目を受持《じゅじ》（堅持）することが重要だと日蓮は説きます。

しかし、私たちに十法界の認識は許されるのだろうかと悩みます。その問いに対して、六道は私たちの日常生活にあり、確かに四聖界は凡人には見えないけれど、それらの法界に通じる可能性を推量することが可能であることが示されるのです。

日蓮の重要御書
五大部
④

『撰時抄《せんじしょう》』

正像末の時代区分を軸にした簡潔な仏教史

末法という「時」にふさわしい教え

日蓮は『撰時抄《せんじしょう》』の冒頭にある言葉を大書しました。北はモスクワ、西はトルコに版図を広げた蒙古が、初めて日本に来寇《らいこう》した文永の役（１２７４）の翌年のことです。『立正安国論《りっしょうあんこくろん》』で、諸経典により内乱・外寇《がいこう》を予告したことが現実となったのです。日蓮は、『法華経《ほけきょう》』を仏陀釈尊《ぶつだしゃくそん》後の末法《まっぽう》の時代の人々に救いをもたらす経典であることを確信していました。

果たして日蓮が『法華経』を広めていくにつれて、『法華経』の言葉通りにさまざまな法難が襲ってきました。それによって日蓮は、ますます『法華経』が「未来記の経典」であることの確信を深めます。『法華経』は、教・機・時・国・序という五義《ごぎ》に沿って、末法今時こそ『法華経』流布必然の「時」であることを証しているのです。

そのために『撰時抄』は、正法《しょうぼう》・像法《ぞうぼう》・末法にわたる仏教展開の歴史を振り返ります。竜樹菩薩《りゅうじゅぼさつ》、天台大師《てんだいだいし》、妙楽《みょうらく》大師、伝教《でんぎょう》大師の系譜をたどるとともに、浄土宗の曇鸞《どんらん》・道綽《どうしゃく》・善導《ぜんどう》の三祖、真言宗の善無畏《ぜんむい》・金剛智《こんごうち》・不《ふ》空《くう》の三三蔵、ならびに弘法《こうぼう》大師、正覚房《しょうがくぼう》（覚鑁《かくばん》）、法相《ほっそう》宗の玄奘《げんじょう》三蔵、天台宗の恵心《えしん》、慈覚《じかく》ら、特に比叡山延暦《ひえいざんえんりゃく》寺《じ》第三代座主・慈覚らを厳しく批判します。これらはすべて日本国の危機を救済するのは、妙法蓮華経の大良薬であることを明らかにするためなのです。

五義（五綱の教判）

教
『法華経』が仏教経典の中の最高峰にあり、諸経典の教えは『法華経』に集約されると説く。

国
それぞれの国の特性に応じて仏教は広められた。いま、『法華経』の未来記は日本国を目指している。

機
機（機根）とは状況に応じて発揮される「資質」だが、末法では『法華経』によってのみ救済されると説く。

序
仏教は順序次第を整えて広められてきた。諸仏典によって整えられ、いよいよ「法華経の未来記」が説き表される段階に至ったことをいう。

時
「時」には必然性がある。時代による「時」の発揮がある。悪世末法においては『法華経』の未来記が仏教の真髄を発揮する。

夫《そ》れ仏法を学せん法は必ず先《ま》ず時をならうべし。

訳

仏教を学ぶためには、まず「時」ということを習わなければなりません（「時」というものを、われわれはただ時間とか、時代、時期などと理解してしまいがちです。しかし、ここで日蓮がいっているのは必然的な時の流れということです。あるいは必然の歴史を予見することといってもよいかもしれません）。

末法という時代の
困難を乗り越えるには
「時」の正しい認識が
重要です

花が咲いたとき、果実がなっている教え

蓮華《れんげ》と申す花は菓《み》と花と同時なり。……法華経《ほけきょう》と申すは手に取ればその手やがて仏に成り、口に唱ふればその口、即《すなわ》ち仏なり。

（「上野尼御前御返事《うえのあまごぜんごへんじ》」）

訳

蓮の花は（ほかの花と違って）花が咲いたときには、すでに種子ができています。……それと同様に、妙法蓮華経《みょうほうれんげきょう》という教えは、手に取ればその手がすぐさま仏となり、口で唱えれば、その口がそのままに仏となるという教えなのです。

『妙法蓮華経』というお経には、なぜ「蓮華」という花の名前が付けられているのか。普通の木では、花が先に咲き、その後で果実がなります。ところが、蓮華は花が咲いたと同時に種子ができあがっています。蓮花は因（原因＝修行）、種子は果（結果＝仏果）です。普通の草木では、因と果との間に長い時間が流れるのに対して、「南無《なむ》妙法蓮華経」と称えると同時に仏界に引き入れられ、因と果が同時的に結ばれることを日

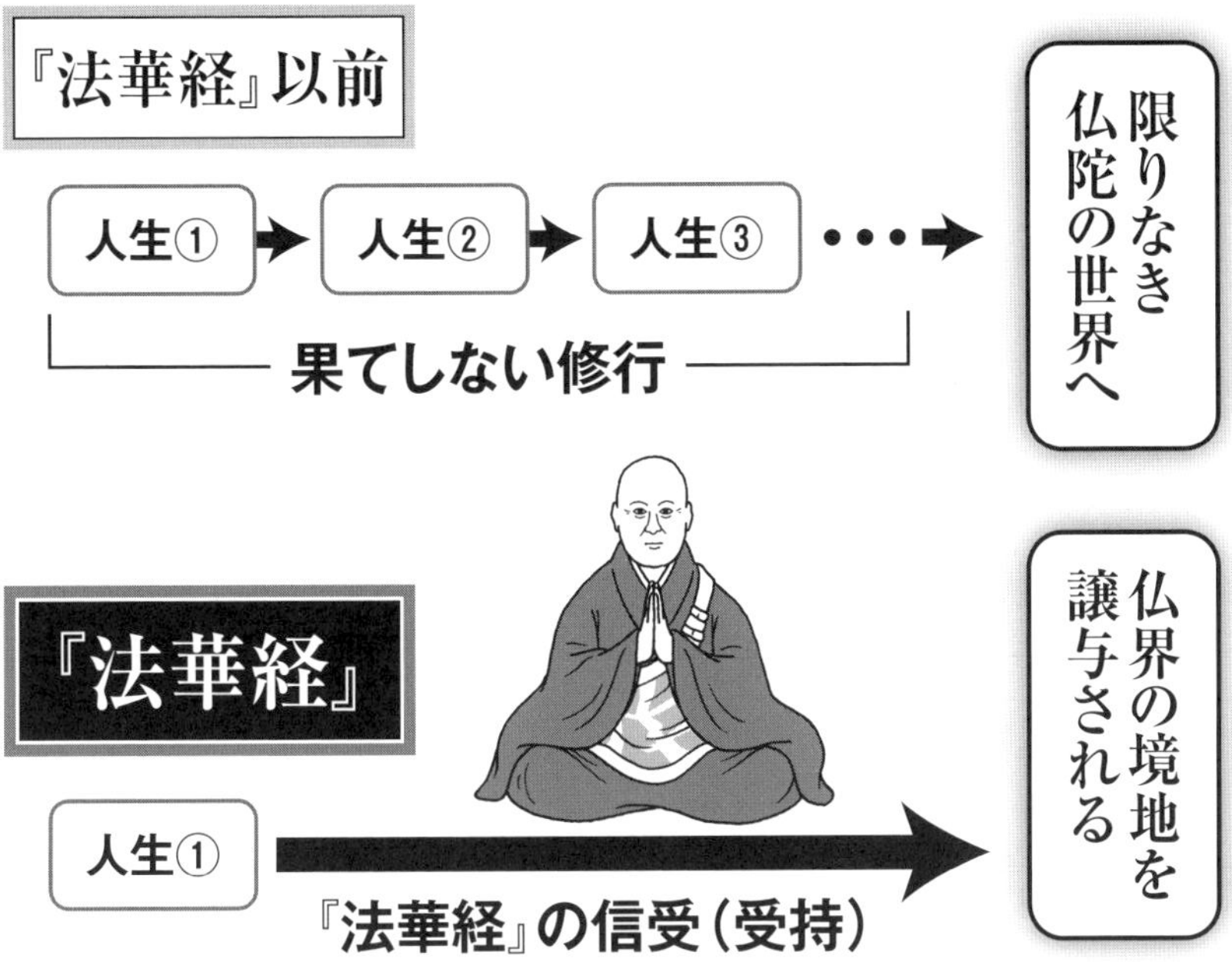

『法華経』以前
人生①
人生②
人生③
果てしない修行
限りなき仏陀の世界へ
『法華経』
人生①
『法華経』の信受（受持）
仏界の境地を譲与される

蓮は示しています。

一般的に、解脱《げだつ》を得るためには厳しい修行を重ねることが重要視されます。生まれかわりながら修行を続け、法を供養《くよう》するために命を捨てることが強調されます。ところが日蓮は、『妙法蓮華経』の教えに従って「南無妙法蓮華経」と一心に称えれば、久遠《くおん》の修行を続けた仏陀釈尊《ぶつだしゃくそん》の因行（永遠の修行）と、久遠の過去に到達した絶対的な果徳（悟りの境地）のすべてが譲り与えられると説くのです（『観心本尊抄』）。「法華経と申すは、手に取ればその手やがて仏に成り、口に唱ふればその口、即ち仏なり」とされるいまの文章は、そうした深く高い教えの真髄を平易に語り示しています。

文字として私たちが手に取る『法華経』を通して、久遠にわたって悠久の導きを示される仏陀釈尊が、末法のいまの人々に伝えている深い救いの境地に目覚めることの重要な意義に感動することこそ、大切なのです。「南無妙法蓮華経」を一心に称えて「受持《じゅじ》」し、久遠釈尊の「因行《いんぎょう》」と「果徳《かとく》」のすべてが譲り与えられることを信じることの大切さが、平易に語られていることを知らねばなりません。

西から伝わった精神文化は、精錬されて再び西へ

月は西より東に向へり。月《がっ》氏《し》の仏法の東へ流るべき相《そう》なり。日は東より出《い》づ。日本の仏法の月氏へかへるべき瑞《ずい》相《そう》なり。

（『諫暁八幡抄《かんぎょうはちまんしょう》』）

訳

月は、昇る位置を西から東へと変えていきます。これはインドで起こった仏法がだんだんと東方へ流伝してきた姿を表すものです。それに対して、太陽が東から昇っていくのは、東方の日本から西天のインドへ仏教が戻っていくという、めでたい予兆なのです。

引用部分は太陽の国・日本と月の国・月氏を比較しながら、仏教二千数百年の歴史をわずか二文で表現した、世界でもっとも短い仏教史・精神文化史かもしれません。しかも、過去だけでなく、未来をも見据《す》えています。

仏教はインド（日蓮は「月氏」と表現しています）で誕生し、後漢の光武帝《こうぶてい》の時代に中国に伝わりました。日本へ伝わったのは六世紀、欽明《きんめい》天皇の時代のことで

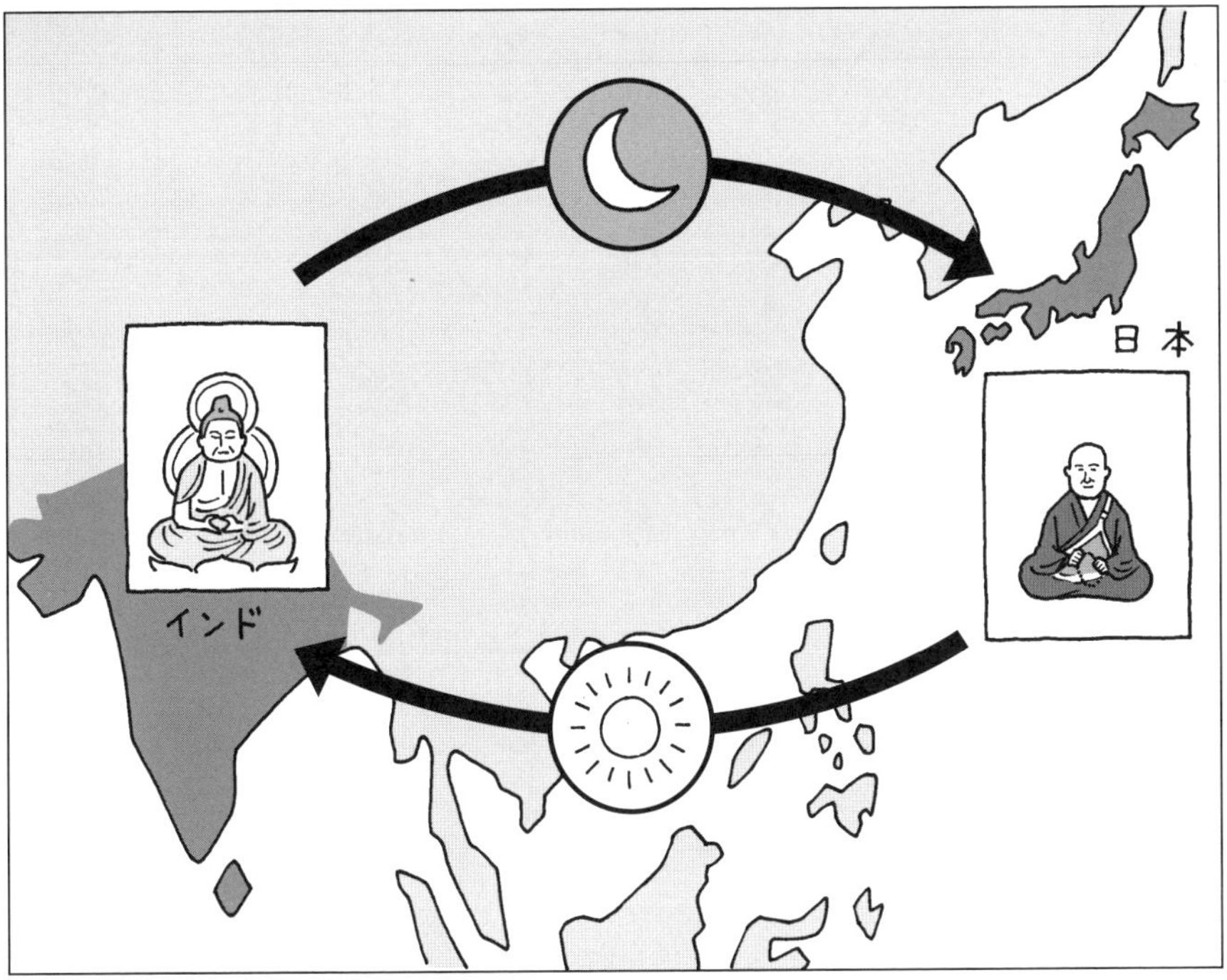

す。月が月齢とともに、昇る位置を西から東へ変えていくように、月氏で生まれた仏教はインドから中国、日本へと伝わってきました。それに対して、太陽は東から昇り、西へと沈んでいきます。十三世紀、日蓮によって再び命を吹き込まれた仏教・精神文化が今度は日本から中国、インドへと伝わっていくと予言しているのです。はるか未来の門下に「中国、インド、そして全世界へ伝えよ」と命じているのでしょう。
『顕《けん》仏《ぶつ》未《み》来《らい》記《き》』にも「正法《しょうぼう》、像法《ぞうぼう》には西から東に向かい、末法には東から西へ行く」と明記されています。
平和運動を展開した僧侶の故・藤井日達《にったつ》師は日蓮のこの教えを実現するため、インドへと渡航し、マハトマ・ガンジーとともに南《な》無《む》妙《みょう》法《ほう》蓮《れん》華《げ》経《きょう》と称えました。
本格的に日本の仏教・精神文化を西へ伝えていくためには一万人の藤井師（の後継者）、十万人の藤井師が続かなければなりません。日蓮も「和党《わとう》ども、二陣三陣つづきて」と志を同じくする人たち（和党）の連帯と出陣を呼びかけました。

《真理の教えはあなたのためにある③》

仏の教えの根本は授乳の心にある

只《ただ》妙法蓮華経《みょうほうれんげきょう》の七字五字《しちじごじ》を日本国の一切衆生《いっさいしゅじょう》の口に入れんと励むばかりなり。此《こ》れ即《すなわ》ち母の赤子《あかご》の口に乳を入れんと励む慈悲《じひ》なり。

（『諫暁八幡抄《かんぎょうはちまんしょう》』）

訳

南無妙法蓮華経《なむみょうほうれんげきょう》という七字、妙法蓮華経という五字の教えを、日本国中の人々の口に入れてあげたいと思って励むだけです。これはすなわち、母親が赤ちゃんの口に乳を与えようとする慈悲の心からしていることなのです。

『諫暁八幡抄』は、入滅の一年十ヵ月前に日蓮が「今日蓮は去ぬる建長五年四月二十八日より、今弘安三年十二月に至るまで二十八年が間、又他事なし。只妙法蓮華経の七字五字を日本国の一切衆生の口に入れんと励むばかりなり」と、半生を回顧している遺文《いぶん》です。この二十八年の間、日蓮は四大法難をはじめとする大難を受け、門下たちもさまざまな苦難を乗り切ってきた、想像を絶する日々でした。

日蓮は、「この間に願ったことはただひとつ、南無

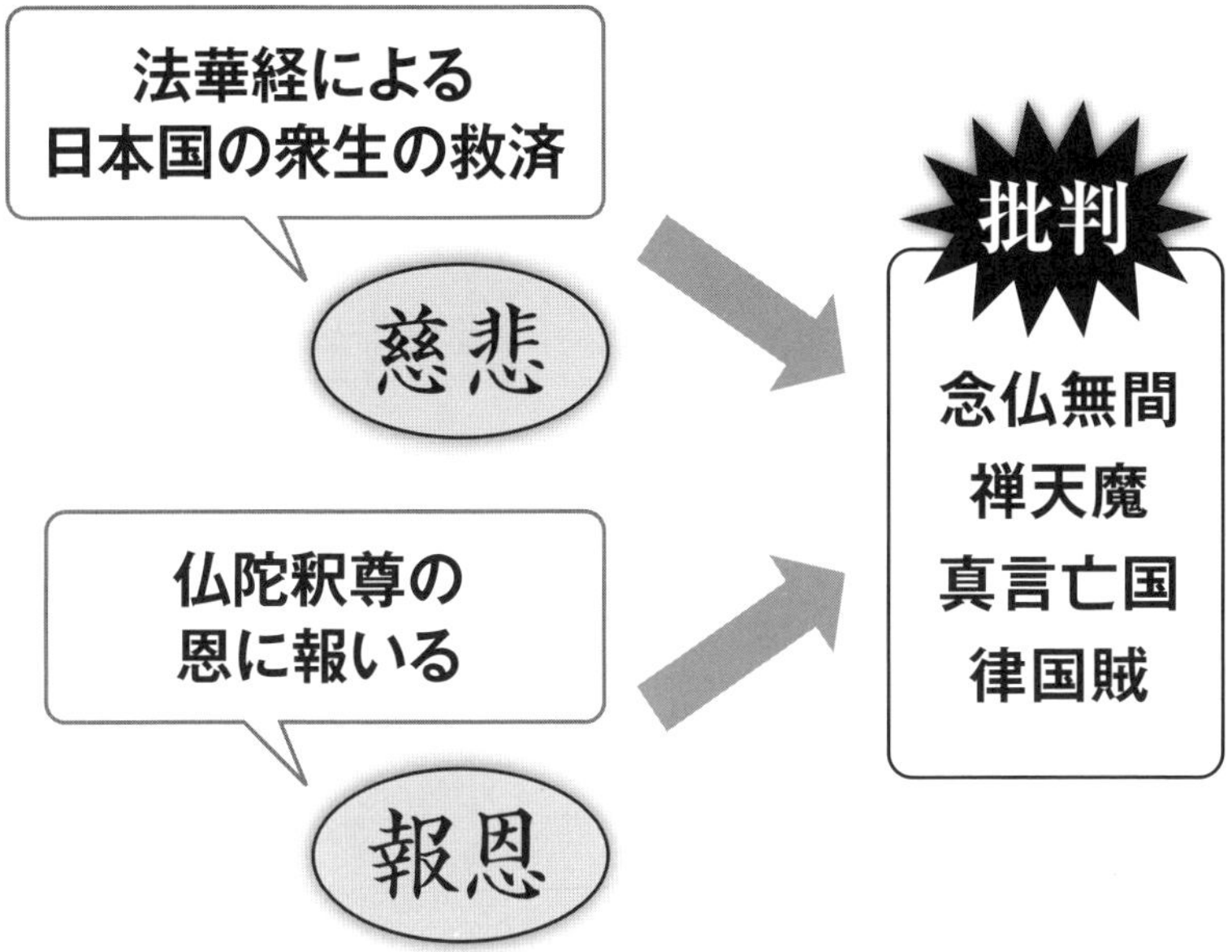
法華経による
日本国の衆生の救済
慈悲
仏陀釈尊の
恩に報いる
報恩
批判
念仏無間
禅天魔
真言亡国
律国賊

妙法蓮華経の救いの法（教え）を人々に伝え、自ら称えさせることであったのだ！」と言い切ります。『妙法蓮華経』と数えれば五字、「南無妙法蓮華経」と数えれば七字。「南無」とは帰依《きえ》することですから、単純に考えれば「法華経に帰依する」ことという解釈になります。しかし、すでに中国の天台大師《てんだいだいし》が「妙法蓮華経の名とともに、体・宗・用・教の五重玄義《ごじゅうげんぎ》を備えていること」を明らかにし、その背景として重要仏典は五つの時間帯に説かれ、その最高峰に『法華経』が位置し、他の仏典は『法華経』の真義を補佐する意義が示されています。日蓮の究極の願いは、久遠《くおん》の仏陀《ぶっだ》釈尊《しゃくそん》の教えの真髄による救いの慈悲を明らかにすることです。赤子に乳を飲ませるように、「南無妙法蓮華経」の教えが説かれていることを強調しているのです。

念仏無間《ねんぶつむけん》（極楽浄土への祈りが無間地獄への道となる）、禅天魔《ぜんてんま》（禅を求めながら魔に魅入られる）、真言《しんごん》亡国《ぼうこく》（真言を求めて国を見失う）、律国賊《りつこくぞく》（律を求めて国を否定することとなる）とは、批判のための批判ではなく、偉大なる警告なのです。

『法華経』の心は、人を敬う心が基本

一代の肝心《かんじん》は法華経《ほけきょう》、法華経の修行の肝心は不軽品《ふきょうほん》にて候なり。不軽菩薩《ぼさつ》の人を敬いしはいかなる事ぞ。教主釈尊《しゃくそん》の出世の本懐は人の振る舞いにて候《そうろう》ぞ。

（「崇峻天皇御書《すしゅんてんのうごしょ》」）

訳

釈尊の説いた仏典の中で、一番肝心なのは『法華経』で、その『法華経』の中でも重要なのは、常不軽菩薩品《じょうふきょうぼさつほん》です。不軽菩薩がすべての人に向かって「あなたは将来必ず釈尊の境地を成します」と敬い続けた意味を、よくよく感じ取りなさい。つまり、教主釈尊が一番大切になされたのは、「人は誰に対しても敬い続けなければならない」という教えなのです！

大きく生きる生き方を「大事を成す」といいますが、そのような生き方をする人の行動は冷静沈着です。日蓮の生涯は波瀾万丈《はらんばんじょう》でしたが、それに対応する日蓮の態度は、いつも悠然としていました。そして、たとえ首の座に据えられても、揺らぐことはありませんでした。門下の中には、「火のように燃える信」の人

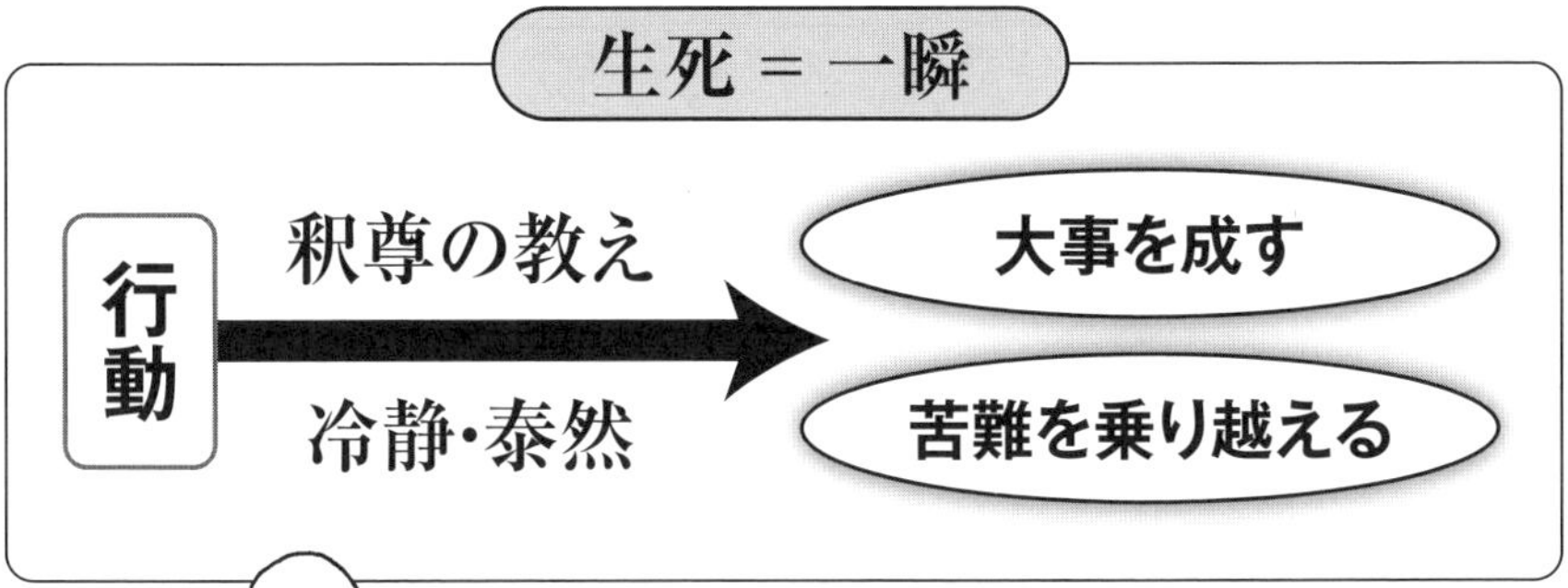
生死＝一瞬
行動
釈尊の教え
冷静・泰然
大事を成す
苦難を乗り越える

どんなときも、
冷静沈着な態度で
いることが大切です

もいましたが、日蓮はそれに対して「水のごとき、冷静沈着な信仰を深くしなさい！」と指導しています。四条金吾《しじょうきんご》は龍口《りゅうこう》法難のとき、馬の口にとりついて、日蓮の後を追って自死する覚悟を示したといいます。日蓮は後々までそのときの感激を忘れませんでした。とにかく熱情的な金吾に対して、日蓮は「あなたは怒りがすぐ顔に表れてしまう性格ですが、そうであってはいけませんよ」などと注意を重ねました。

日蓮がいつも悠然としていたのは、久遠《くおん》の釈尊の教えに心から生きたからです。日蓮の生涯を描くとき、どうしても次々と展開する困難な状況を乗り越えていく姿を描かねばなりません。それでも、その背後には、悠久の時間の中に生きている日蓮の姿があることを忘れてはなりません。

門下の中にも、純粋に信仰のみに生きることを貫徹するために、苦難をものともしなかった方々が大勢おります。社会活動をしながら信仰に生き、苦難を乗り越え人々に希望をもたらした立派な人たちも、「人の振る舞い」を大切にして生きた方々なのです。

一滴をなめて大海の潮を知る

一渧《いったい》をなめて大海の潮をしり、一華《いちげ》を見て春を推《すい》せよ。

（『開目抄《かいもくしょう》』）

訳

海水の塩辛さは、一滴をなめてみればよくわかるものです。たったひとつの花が咲いたのを見るだけで、春がきたということを推察しなさい。

日蓮がよく引用する一節に、中国の妙楽大師《みょうらくだいし》湛然《たんねん》の「智人は起を知り、蛇は自ら蛇を識《し》る※」という言葉があります。「智人は起を知る」とは「智慧《ちえ》のある人は『ことの起こり』に注目し、ちょっとしたことが起こっただけで、これから発生する大きな出来事・事件・災いを推察する」といった意味になります。

「一渧」とは、「一滴をなめて、大海の潮流（トレンド）を知りなさい」と解すれば「智人は起を知る」と似た意味となり、「一滴をなめて、（膨大な河川が流れ込んでいるのに）塩辛さが減じないということは海が想像もつかないほど広大であることを教えてくれます」と解すれば、「部分を見て全体を推察しなさい」との意味にもなります。社会生活を送るうえで、「兆し」「ことの起こり」を読むことの大切さは、どんなに強調してもしすぎることはありません。

※『法華文句記《ほっけもんぐき》』。ただし、原文は「智人は智を知り、蛇は自ら蛇を識る」。

コラム

日蓮ゆかりの地 5

身延山久遠寺

（写真・身延山久遠寺）

文永十一年（1274）5月、甲斐国《かいのくに》身《み》延《のぶ》に入山した日蓮は弘安五年（1282）までの足かけ9年、身延から一歩も出ませんでした。粗末な草庵に居住していましたが、弘安四年（1281）10月、十間四面の堂宇が完成、翌11月24日に開堂供養が行われ、身延山《みのぶさん》久遠寺《くおんじ》と名づけられました。

住所：山梨県南巨摩郡身延町身延3567

- JR身延線身延駅よりバス。「身延山（終点）」下車、徒歩で約20分

TEL：0556-62-1011

URL：http://www.kuonji.jp/

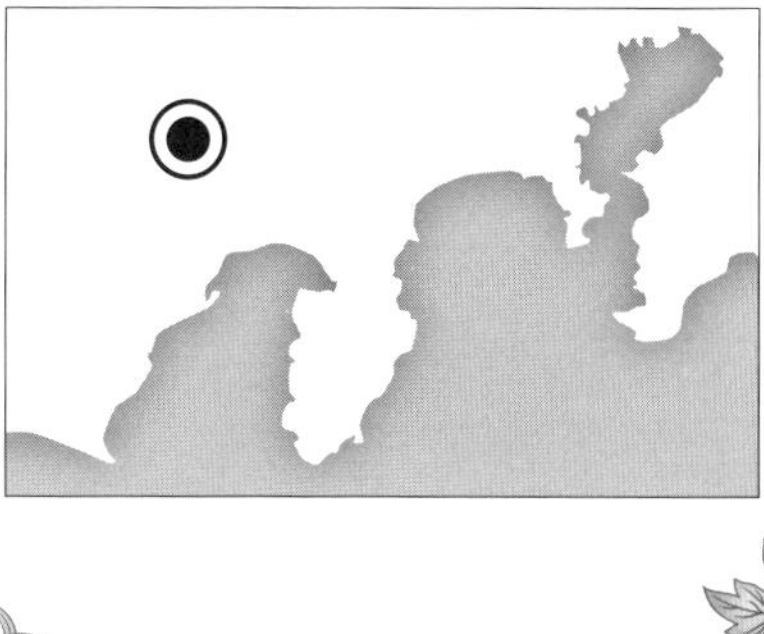

友から学ぶ

友に会《あ》ふて礼あるべし。……友達の一日に十度、二十度来れる人なりとも、千里、二千里来れる人の如《ごと》く思ふて、礼儀いさゝか疎《おろそか》に思ふべからず。

（「上野殿御返事《うえのどのごへんじ》」）

訳

友人に会ったときには、必ず敬意を表しましょう。たとえ、一日に十遍も二十遍も訪ねてくる友人であっても、千里、二千里の遠い所から訪ねてきた人のように思って、少しでも礼儀に欠けることのないように心がけるべきです。

いくら親しい友人でも、一日に十回も二十回もやってこられては辟易《へきえき》してしまいますが、日蓮は、そうした友人に対しても敬意を払い、礼儀をおろそかにすべきではないとアドバイスしています。

手紙を与えられた南条時光《なんじょうときみつ》（駿河国《するがのくに》・上野郷《うえのごう》の地頭だったので、上野殿と呼ばれました）は、まだ二十代前半。日蓮の門下であるとの理由で、南条家は陰に陽に幕府から圧力をかけられており、加えて熱原《あつはら》の農民

信徒たちに対する弾圧事件（熱《あつ》原《はわら》法難）が起こったとき、身を粉にして農民たちを守ったことから、数々の懲罰的ないやがらせを受けるようになりました。しかも、上野郷の周辺は幕府の直轄領《ちょっかつりょう》が多かったため、周囲には味方が少なく、敵ばかりといっても過言ではありません。

日蓮が、「友人を大事にせよ」といったのは親族や友人を大切にして、いざというときの味方を作っておきなさいという面もあったと思われます。

私たちに当てはめれば、「親しき仲にも礼儀あり」と解釈できます。いくら親しい友人だからといっても、ぞんざいに扱うのではなく、礼儀を尽くさなければいけません。

毒薬を薬に転換する教え

毒薬変じて薬となる。妙法《みょうほう》蓮華経《れんげきょう》の五字は悪変じて善となる。玉泉《ぎょくせん》と申す泉は石を玉となす。此《こ》の五字は凡《ぼん》夫《ぶ》を仏となす。

（「内房女房御返事《うつぶさにょうぼうごへんじ》」）

訳

毒薬が時として薬となるように、妙法蓮華経の五字は、悪を転換させて善とするのです。玉泉という泉は、そこに石を入れると、平凡な石が価値の高い宝石になると伝えられています。そのように、この妙法蓮華経という五字は、迷いの世界にいる私たち凡人を仏陀にならせるのです。

身延《みのぶ》の日蓮のもとへ供養《くよう》を届ける信徒が多くおりました。弘安三年（１２８０）内房女房は父と死別し、八月九日が百箇日にあたるので、身延の日蓮のもとにその追善をお願いするため、御布施《ふせ》料として銭十貫を届けたのです。冒頭に「御願文の状」を記していますが、その中に「又云《いわ》く弘安三年、女弟子大中臣氏敬白等云々《うんぬん》」とあるので、ある程度の身分の高い女性であ

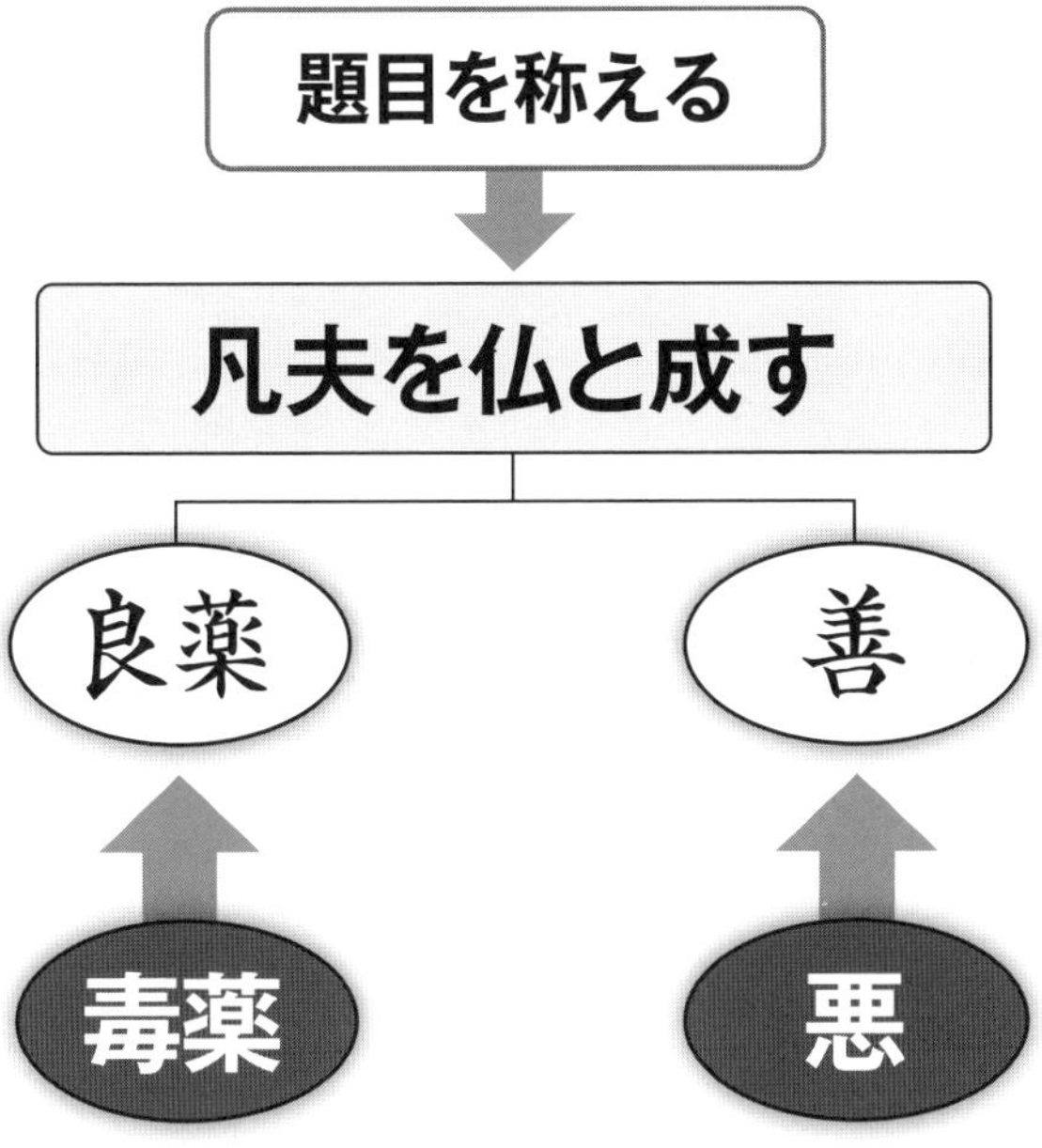
題目を称える
凡夫を仏と成す
良薬
善
毒薬
悪

ったと思われます。手紙には、故人は三十日ほど前に日蓮聖人から「妙法の題名」を頂戴した後生涯を終えました。必ずや、霊山浄土で悟りを得ることを確信しております、とも記され、教えに詳《くわ》しい方であったことが偲《しの》ばれます。

日蓮は、「妙法蓮華経の五字は、凡夫を仏とする」とし、慈父は生前に南無《なむ》妙法蓮華経を称えたのですから、疑いなく即身成仏を遂げておいでですと、断言しています。そして、その前には、「妙法蓮華経の徳あらあら申し開くべし」に続いて、ここに掲げた文章が述べられているのです。

修行が進めば進むほど、凡夫でも悟りを得ることができる不思議に直面します。日蓮はほかの遺文で、竜《りゅう》樹《じゅ》の『大智度論《だいちどろん》』が、妙法の意義を、大薬師《くすし》がよく毒を薬とし、煩悩《ぼんのう》に迷う凡夫が解脱《げだつ》を得ることに転換すると説くことを重視し、天台がこれに基づく転換の論理を示すことで、凡夫が悟りを得る根拠とすることを語っています。それはさながら、優れた泉がつまらない石を玉(宝石)に変えるのと同じだと示しているのです。

『法華経』はいまの私たちのための教え

仏の出世は霊山《りょうぜん》八年の諸人の為にはあらず。正像末《しょうぞうまつ》の人の為なり。また正像二千年の人の為にはあらず。末《まっ》法《ぽう》の始め、予が如《ご》き者の為なり。

（『観心本尊抄《かんじんほんぞんしょう》』）

訳

二千数百年前、仏（釈尊《しゃくそん》）が出現した理由は霊鷲山《りょうじゅせん》八年にわたっての『法華経』の説法を聴聞した人々を救うためではありません。釈尊が滅度した後、正法《しょうぼう》、像法《ぞうぼう》、末法《まっぽう》の時代の人々を救うための教えです。正法、像法時代の二千年の人々ではなく、末法のはじめ、日蓮のような者のために説かれた教えです。

『法華経《ほけきょう》』は末法の世を生きる人々を救う教えであることを、日蓮は確信しておりました。

末法という言葉は現代では耳慣れない用語ですが、釈尊が入滅してから二千年後、仏法が衰え社会が乱れることが、殊《こと》に平安時代から恐れられたため、死後の極楽往生《ごくらくおうじょう》を願う風潮が瀰漫《びまん》しました。日蓮は、現実を忘れてのそのような風潮を疑問とし、仏教の諸経典を

『法華経』なんて
古くさいよなー
そうではありません。
『法華経』はいまを生きる
われわれのための
教えです

熱心に研鑽《けんさん》した結果、『法華経』こそ、そのような時代のために「未来記」（予言の仏典）として説き遺されたことを再発見したのです。

『平家納経《へいけのうきょう》』をはじめ、平安時代には『法華経』の人気が高まりましたが、『法華経』は難解であり、釈尊在世の八年間に、それまで厳しく理論と修行を重ねた優れた仏弟子だけが理解できるものと誤解されていました。ところが、日蓮は『法華経』こそ末法の困難な時代の凡夫《ぼんぶ》（凡人）のために説き遺されたことに目覚め、その教えの通りに伝えていったのです。果たして日蓮の『法華経』伝道により、『法華経』に予言された通りの法難が起こり、それにより日蓮の『法華経』伝道に誤りがないとの確信が得られます。

『法華経』如来寿量品《にょらいじゅりょうほん》には「父である良医が、誤って毒薬を飲んでしまった多くのわが子を救い出す」物語が語られています。私たち凡人はいつの間にか毒薬に冒されてしまって、釈尊の真実の救いを忘れてしまっているのではないか？『妙法蓮華経《みょうほうれんげきょう》』の深い内容の教えに、末法に生を受けた日蓮の「出会うことができた」という喜びが語られているのです。

食の恵みに感謝する

食を有情《うじょう》に施すものは長寿の報をまねき、人の食を奪ふものは短命の報を受く。

（『法衣書《ほうえしょ》』）

訳

食物を惜しむことなく施す人は長生きをすることができ、他人の食物を奪い取る人は短い命しか与えられません。

身延山《みのぶさん》に隠れた日蓮のもとに、各地からご供養《くよう》の品が届けられました。日蓮はすぐさまお礼状を書きます。これらのご供養は、法華経《ほけきょう》の行者である日蓮の生命を保持する功徳《くどく》となるとともに、百人以上もの『法華経』堅持の門下を養うものでした。ですから、「そもそも、食物は生命維持のために重要であり、衣服は寒暖から身を守るもの」とその功徳を讃《たた》えます。

あるときには「ご供養いただいた白米は、単なる食物ではありません。あなたの生命そのものであり、『法華経』に生きるご信徒の命となるものです」と、その功徳を説いています。

菩薩《ぼさつ》は布施《ふせ》（ほどこし）などを重要な修行の心得としますが、お互いに助け合う心持ちの大切さが、仏道修行となる道であることを説いているのです。

《毎日を心して生きる⑤》

真理に生きることを目指す心得

各各《おのおの》我弟子と名のらん人々は一人も臆し思はるべからず。親を思ひ、妻子を思ひ、所領を顧《かえりみ》ることなかれ。
（「種種御振舞御書《しゅじゅおんふるまいごしょ》」）

訳

それぞれ日蓮の弟子と名乗ろうと思う人は、誰一人として臆病になってはなりません。敢《かん》然《ぜん》として迫害に立ち向かうには、親の立場を考えたり、妻子のことを思い煩《わずら》ったり、所領が減らされるなどと案じてはならないのです。

ずいぶん厳しい言葉だと思われることでしょう。

明治時代、内村鑑三《うちむらかんぞう》は「真理のために生きる」日蓮の姿に感動しました。それは内村自身が、弾圧を恐れて本当の生き方を見失うことに堪《た》えられなかったからです。鎌倉幕府は、日蓮を流罪《るざい》にするだけでなく、門下を捕縛し弾圧しました。自分がひどい目に遭うことには堪えられても、身内にまで被害が及べば困惑してしまいます。辛《つら》い状態から逃れようとする者がいるのは当然です。それを堪え忍べと、日蓮は叱咤《しった》するのです。

後世、日蓮の教えを信奉する人々の中には、過酷な試練と闘った方々がたくさんいます。「黒を白といえ！」と縛られることに堪えきれず、正義に身を殉じる方々も大勢いました。それらの方々は、日蓮の聖語を標《しるべ》とし、道を見失わずに人生を全《まっと》うしたのです。

日蓮の重要御書
五大部
5

『報《ほう》恩《おん》抄《しょう》』

旧師・道善房へ深い感謝を捧げた一書

南無妙法蓮華経が未来万年まで流れることを確信

『報恩抄《ほうおんしょう》』は建治二年（1276）七月、日蓮が出家した際の師匠である道善房《どうぜんぼう》が死去したことを聞き筆を執ったもので、兄弟子でもあった清澄寺《せいちょうじ》の浄顕房《じょうけんぼう》・義浄《ぎじょう》（城）房《ぼう》に送りました。本来なら墓参りに行きたいところですが、高弟の日向《にこう》を派遣し、道善房の墓前で一回、嵩《かさ》が森《もり》の山頂で二～三回読むよう、「送り文」の中で指示しています。

「報恩」とは「恩に報いる」という意味。日蓮は他の著述で、父母の恩・（仏・法・僧の）三宝の恩・国主の恩・一切衆生《いっさいしゅじょう》の恩という四恩を挙げていますが、世間的な孝養観にならって父母・師匠に従うことよりも、釈尊《しゃくそん》の真意に忠実に生きることが真実の報恩であると確信しました。

道善房が『法華経《ほけきょう》』への帰依《きえ》を受け入れることはありませんでしたが、道善房の訃報を聞いた日蓮は、「されば花は根にかえり、真味《しんみ》は土にとどまる。この功徳《くどく》は道善房の御身にあつまるべし」と、報恩のまことを『報恩抄』の末尾に捧げたのです。

ここに掲げた文章は『報恩抄』の結論部分で、日蓮が生涯の願いの核心として述べた部分です。日蓮の慈悲が広大であれば、南無妙法蓮華経《なむみょうほうれんげきょう》は万年を超えて、遥か未来の果てまでも流れていく、と未来広宣流布の確信を述べています。日蓮の願いはただひとつ。人々を真実の仏法に目覚めさせ、無間地獄《むけんじごく》への道に陥らないようにという願いだったのです。

日蓮が慈悲曠大《じひこうだい》ならば、
南無妙法蓮華経は万年の外《ほか》
未来までもながるべし。
日本国の一切衆生の
盲目をひらける功徳あり。
無間地獄の道をふさぎぬ。

訳

日蓮の慈悲が広大なものであるならば（また、日蓮自身はそのように確信しているのですが）、南無妙法蓮華経という末法の衆生を救済する教えは将来、一万年どころか、必ずや遥かなる未来に至るまでも広まっていくでありましょう。日本国のすべての人々に仏法の救いの光と功徳を与え、人々が仏法の救いが見えないために、無間地獄という永久に光を見ることのできない地獄に陥る道を、日蓮はふさぎました。

コラム

日蓮ゆかりの地 6

●池上本門寺

（写真・池上本門寺）

弘安五年（1282）9月、日蓮は常陸《ひたち》の湯での療養のため身延を下山し、9月18日に武蔵国《むさしのくに》池上《いけがみ》の池上宗仲《むねなか》の屋敷に到着しました。長年の苦難のため、旅装を解いた日蓮は、ここで『立正安国論《りっしょうあんこくろん》』を講義し、本弟子六人（六老僧）を定め、10月13日に入滅しました。池上本門寺は池上氏の邸内に、日蓮入滅以前にすでに創建されていたとされます。

住所：東京都大田区池上1-1-1

- 東急池上線池上駅より、徒歩で約10分。
- JR京浜東北線大森駅よりバス。「本門寺前」下車。

TEL：03-3752-2331

URL：
http://honmonji.jp/00index/index2.html

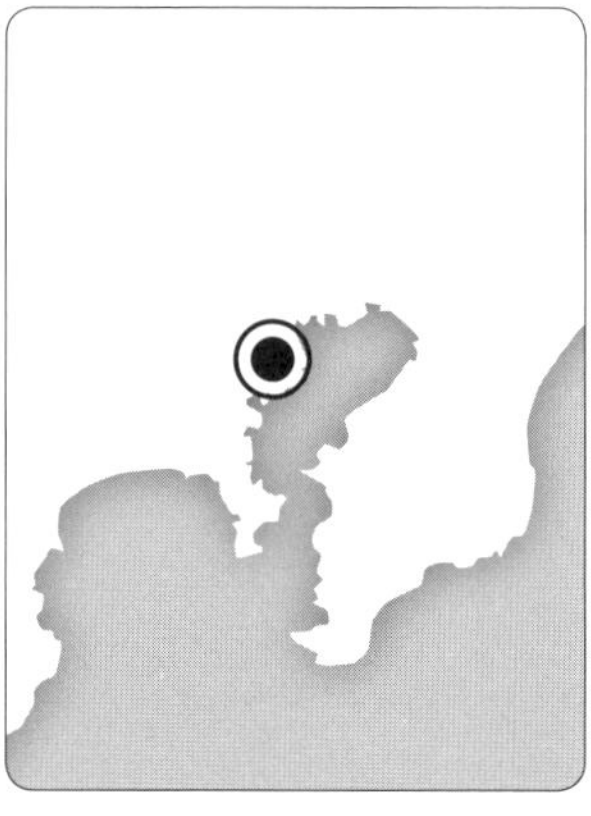

第3章

日蓮宗の発展

日蓮が信じ、広めてきた『法華経《ほけきょう》』の教えは、後世の人々の生き方に影響を与えました。

京都開教の祖

日像

1269～1342年。四条《しじょう》門流の祖。下総国平賀《しもうさのくにひらが》の出身。7歳のとき、六老僧のひとり、日朗《にちろう》の弟子となり、のちに日蓮と対面し本尊も授与される。日蓮が池上《いけがみ》で入滅する前、「京都で布教せよ」と命じられる。永仁二年（1294）に上洛し、京都布教を開始。諸宗から弾圧され、何度か京都から追放されるが、徐々に浸透。ついには公認の宗派となった。

三度の追放に屈せず、京都の津々浦々まで布教

日像《にちぞう》は六老僧のひとり、日朗の弟子で、日蓮にとっては孫弟子に当たります。日蓮は、若き日に比叡山《ひえいざん》へ遊学し、京都への布教を念願していました。しかし、京都に遊学させた弟子の三位房《さんみぼう》がその軟風に犯されて失望しました。日蓮は晩年に、まだ少年僧であった日像にその使命を託し、京都弘通《ぐずう》（布教）を遺命したのです。

日蓮が入滅して十一年後の永仁元年（1293）、日像は鎌倉由比ヶ浜《ゆいがはま》の海で寒中錬磨した後、京都開教を志し、教えは京都の町衆らに徐々に浸透しました。しかし、諸宗を批判したため比叡山延暦寺《えんりゃくじ》など有力寺院から排撃され、京都からの退去を三回命じられます。

しかし、その都度許されて、四条櫛笥《しじょうくしげ》に創建した妙《みょう》顕寺《けんじ》を拠点に粘り強く布教を続け、建武元年（1334）、妙顕寺が勅願寺《ちょくがんじ》となり、朝廷公認の宗派となりました。

鍋かむり上人

日親

1407～1488年。上総国《かずさのくに》出身で、中山法華経寺《なかやまほけきょうじ》で修学。九州や京都などを中心に全国に東奔西走、壮烈な生涯を送った。諸宗を徹底的に破折したことから、支配層、有力僧侶に目の敵にされ、たびたび弾圧を受けた。将軍・足利義教《あしかがよしのり》の時代に投獄され、拷問を受けたが、京都の町衆の外護（支持）を得て、本《ほん》法《ぼう》寺《じ》を創建した。のちに本阿弥光悦《ほんあみこうえつ》は、祖先が日親《にっしん》に帰依《きえ》したところから、本法寺を重んじた。

拷問に屈せず、鉄の鍋をかむったまま説法

日親が生きた十五世紀は幕府の力が弱まり、「応仁《おうにん》の乱」など戦国時代の前兆のような大事件も起こるなど、世情は不安定で、人々の心は乱れていました。そのせいか、日親のほか浄土真宗《じょうどしんしゅう》の蓮如《れんにょ》、臨済宗《りんざいしゅう》の一休《いっきゅう》宗純《そうじゅん》（一休さん）、天台宗《てんだいしゅう》の真盛《しんせい》らの宗教的巨人を輩出した世紀でもありました。

日親は、京都へ上るや辻説法《つじせっぽう》など精力的な活動を始めます。既成仏教を批判したことから、比叡山延暦寺や臨済宗など、当時の支配的な宗教の激しい反発を買いました。さらに、『立正治国論《りっしょうちこくろん》』を執筆し、足利将軍家を諫暁《かんぎょう》、六代将軍・足利義教に日蓮宗への帰依を説きましたが、捕縛・投獄され、焼けた鉄の鍋を頭にかぶせられるなどの拷問を受けました。出獄後、焼けた鍋の拷問に屈しなかったことが畏敬を受けて、「鍋かむり日親」と呼ばれるようになりました。

身延を再興

日朝

1422～1500年。伊豆《いず》・宇《う》佐美《さみ》の出身。身延山久遠寺《みのぶさんくおんじ》第11世。号は行学院《ぎょうがくいん》。身延中興《みのぶちゅうこう》の三師《さんし》のひとりとして知られる。身延の再興に力を発揮し、伽藍《がらん》の整備、組織・宗制の整備、人材の育成、教学の振興、門前町《もんぜんまち》の整備などに努め、身延山久遠寺の基盤を整えた。自ら日蓮の伝記『元祖化導記《がんそけどうき》』や『法華草《ほっけそう》案抄《あんしょう》』などを執筆した。

伽藍・組織・宗制を整備し、身延再建を成し遂げた

日朝《にっちょう》は東海地方で激しい教線を展開した日出《にっしゅつ》に養育され、鎌倉の本覚寺《ほんがくじ》二世を継承しました。その地は日蓮が佐渡《さど》から戻って一時滞在した夷堂《えびすどう》の跡で、後に身《み》延山《のぶさん》に祀られている日蓮の遺骨を分骨され、東身延と呼ばれます。

日朝は禅の一休、本願寺《ほんがんじ》の蓮如《れんにょ》と同時代の僧で、学僧として名高く、また身延山第十一世として再興の功績により、門下の第十二世日意《にちい》、第十三世日伝《にちでん》と合わせて「身延中興の三師」と尊ばれます。身延山第十一世に就くと、日蓮が住した日蓮の草庵を大切にしながら、現在の境内地を切り開き壮大な堂宇《どうう》を構築。祖山の充実を実現しました。その間、門下を関東天台檀林に遊学させ教学の充実、法式の整備に努め、身延全山の威容充実を図るほか、幾多の論著を著し、信徒啓発のため日蓮の伝記『元祖化導記』を世に問いました。

不受不施派

日奥

1565～1630年。不受不施《ふじゅふせ》義《ぎ》を貫いた指導者で、大きな弾圧を受けた。不受不施義とは、『法華経《ほけきょう》』の信仰を持たない謗法《ほうぼう》の者からの布施《ふせ》は受けない、また謗法の僧に対しては供養《くよう》をしないという信条を貫くこと。つまり、「不受」とは日蓮宗の信徒以外からの供養（布施）は受けないこと。「不施」とは日蓮宗以外の僧侶には供養をしないことである。

生前、没後と二度にわたって対馬に流された

日奥《にちおう》は「不受不施義」を貫いた、不受不施派の祖とされます。文禄四年（１５９５）、豊臣秀吉は、母・大政所《おおまんどころ》の回向《えこう》のために方広寺大仏殿《ほうこうじだいぶつでん》で千僧供養会《せんそうくようえ》を開き、各宗に出座を命じます。それ以前、信長に布教禁止を誓約していた日蓮宗は、秀吉によって解除された経緯があり、京都日蓮宗は特別な対応として今回だけ千僧供養会出座を協議。日奥はあくまで不受不施義を主張し、妙覚寺《みょうかくじ》の僧籍から追放され、丹波《たんば》に隠れます。

慶長四年（１５９９）、徳川家康は大坂城で日奥を受不施側の日紹《にっしょう》と対論させ（大坂城対論）、かたくなに不受不施義を称える日奥を対馬《つしま》に配流《はいる》しました。さらに寛永七年（１６３０）には、不受不施を主張する池上本門寺《いけがみほんもんじ》の日樹《にちじゅ》と受不施の身延山久遠寺《みのぶさんくおんじ》日暹《にっせん》らの対論（身池《しんち》対論）で不受不施義の日樹が敗れ、すでに死去していた日奥の再度の対馬配流が決定したのです。

本阿弥光悦とその母

町衆文化の中核を担い、生涯、利他の実践に努めた

1558～1637年。陶芸や漆芸、書、茶の湯などの分野で一級の作品を残した芸術家。「寛永《かんえい》の三筆《さんぴつ》」として知られ、作庭、茶の湯などにも大きな足跡を残し、多芸多彩ぶりを発揮した。作品に国宝「舟橋蒔絵硯箱《ふなばしまきえすずりばこ》」（東京国立博物館）、国宝「巴《ともえ》の庭」（本法寺《ほんぽうじ》）、重要文化財「赤楽茶碗加賀光悦《あからくちゃわんかがこうえつ》」（相国寺《しょうこくじ》）など。

日像《にちぞう》の京都布教を契機に、京都の町衆の間でも、徐々に日蓮宗の信仰に入る者が増えていきました。やがて京都では独特の法華町衆文化が発展していきますが、その中核を担った本阿弥光悦《ほんあみこうえつ》、狩野元信《かのうもとのぶ》、長谷川等伯《はせがわとうはく》、俵屋宗達《たわらやそうたつ》、尾形光琳《おがたこうりん》、尾形乾山《おがたけんざん》ら一流の芸術家たちは、日蓮宗の熱心な信者でした。

本阿弥家は刀剣の整備が家業ですが、光悦は江戸時代前期に芸術の分野でも多彩な才能を発揮しました。光悦を育てた母・妙秀《みょうしゅう》も日蓮宗の信徒で、光悦に利他《りた》（他者に尽くすこと）の精神を教えました。妙秀の生涯は利他そのもので、貧者に施すのを常としており、亡くなったときには反物一枚、浴衣、木綿の布団しか残っていませんでした。光悦は元和元年（１６１５）、洛北《らくほく》の鷹ヶ峯《たかがみね》に一族や町衆、工芸職人らを率いて移住、芸術村を開きました。

戦国の勇将

加藤清正とその母

1562〜1611年。戦国時代の武将。豊臣秀吉に仕えた。熊本藩主。清正《きよまさ》の名前を一躍高めたのは、信長死後の覇権をかけて秀吉軍と柴田勝家《しばたかついえ》軍が激突した「賤ヶ岳《しずがたけ》の戦い」。清正は「賤ヶ岳七本槍《しずがたけのしちほんやり》」のひとりとして大活躍し、合戦後には大幅に加増された。文《ぶん》禄《ろく》・慶長《けいちょう》の役《えき》で虎を退治したことから、「清正の虎退治」として伝えられている。

戦場に「南無妙法蓮華経」の旗を翻した「虎退治」の名将

戦場に「南無妙法蓮華経《なむみょうほうれんげきょう》」と書かれた旗が翩翻《へんぽん》と翻りました。加藤清正《きよまさ》は母・伊都《いと》の影響もあって、日蓮宗を熱心に信仰。戦場でも常に題目を称えていたほどです。白地に朱色で南無妙法蓮華経と書いた旗は遠方からでも目立ち、清正の「題目旗」として有名でした。

清正は尾張《おわり》の出身。幼いころに父が亡くなり、母ひとりの手で育てられました。母は娘時代からの日蓮宗の信徒でしたから、清正も自然と信徒に。津島《つしま》の妙延《みょうえん》寺住職日順大徳《じじゅうしょくにちじゅんだいとく》の教化によって、信仰は、いよいよ深まりました。長じて妙法蓮華経の五文字を冠した五つの寺院、すなわち大坂・本妙寺《ほんみょうじ》（のちに肥後《ひご》へ移転）、肥後水俣《ひごみなまた》・法華寺《ほっけじ》、豊後鶴崎《ぶんごつるさき》・法心寺《ほうしんじ》、長崎・本蓮寺《ほんれんじ》、肥前大村《ひぜんおおむら》・本経寺《ほんきょうじ》を建立、大きな功績を残しました。墓所は本妙寺、供養塔が池上本門寺《いけがみほんもんじ》などにあります。

リベラル宰相

石橋湛山

1884〜1973年。早稲田大学卒業後、ジャーナリストとして活躍。大正デモクラシーのオピニオンリーダー。東洋経済新報社社長。衆議院議員。大蔵大臣、通商産業大臣、内閣総理大臣を歴任。総理在任期間65日は歴代3番目の短さ。1952〜1968年まで立正大学学長も務めた。生涯、日蓮宗の僧籍にあり、『日蓮遺文集』を手放さなかった。

日蓮の思想をジャーナリズム、政界で実践

自由民主党の衆議院議員だった石橋湛山《たんざん》は昭和三十一年（1956）十二月に内閣総理大臣に就任。就任後、強行日程で全国を行脚し、自宅に戻った直後に軽い脳梗塞《こうそく》で倒れました。二ヵ月の絶対安静が必要との医師の診断を受けて、辞任を決意。岸信介《きしのぶすけ》総理臨時代理が国会で退陣表明を代読しました。潔い退陣に野党でさえ、拍手を送ったといいます。

石橋は日蓮宗僧侶・杉田日布《すぎたにっぷ》（のちの身延山久遠寺《みのぶさんくおんじ》第八十一世法主）の長男で、少年時代に師僧の望月日《にっ》顕《けん》（身延山久遠寺第八十三世法主）のもとで養育され、日蓮と『法華経《ほけきょう》』に親しみました。そうした環境の中、早稲田大学でプラグマティズム哲学を学び、東洋経済新報社の記者として論陣を張り、大正デモクラシーをリードしました。その背後に、日蓮の思想や『法華経』精神の支えがあり、信念を貫いたことがわかります。

雨ニモマケズ

宮沢賢治

1896～1933年。岩手県花巻市出身。日本を代表する詩人、童話作家。代表的な作品に『銀河鉄道の夜』『注文の多い料理店』『風の又三郎』、詩集『春と修羅《しゅら》』など。盛岡高等農林学校在学中から日蓮宗の熱烈な信者に。1921年に上京し、童話創作と布教に従事した。影響力は大きく、宮沢賢治《けんじ》を介して日蓮、『法華経』へ接近した芸術家も多い。

日本を代表する童話作家
日蓮と『法華経』が支えた

宮沢賢治《けんじ》が初めて『法華経』に接したのは、盛岡高等農林学校時代といわれています。以降、常に『法華経』を手元に置き読み返し、その世界に沈潜しました。二十代半ばには東京・本郷《ほんごう》に居を定め、昼は筆耕・校正を生業《なりわい》とし、夜は田中智学《ちがく》が始めた国柱会《こくちゅうかい》の一員として、無料奉仕の活動を続けました。時には街頭での説法に立ったこともあったようです。

妹・トシが重病を患ったことから、故郷に戻り、本格的に農業指導を実践。その合間に多数の詩や童話の創作を行いました。日蓮と『法華経』へ帰依《きえ》する気持ちは強く、手帳に書かれた「雨ニモマケズ」の詩の次ページには日蓮の文字曼荼羅《まんだら》を模して、中央に大きく南無妙法蓮華経《なむみょうほうれんげきょう》、左右に釈迦牟尼仏《しゃかむにぶつ》、多宝如来《たほうにょらい》、上行《じょうぎょう》・無辺行《むへんぎょう》などの四菩薩《しぼさつ》の名前が書かれています。

経済界の大立者

土光敏夫

「メザシと『法華経』」で行政改革をリードした求道者

1896～1988年。岡山県出身。石川島播磨《いしかわじまはりま》重工業（現IHI）社長、東芝社長などを務めた後、第4代経団連会長に。昭和五十六年（1981）には中曽根康弘《なかそねやすひろ》行政管理庁長官の要請で第2次臨時行政調査会会長に就任、国鉄（現JR）、電々公社（現NTT）、専売公社（現JT）などの民営化を答申。その後も臨時行政改革審議会会長を務め、行政改革をリードした。

石川島播磨《いしかわじまはりま》重工業や東芝を社長として再建し、中曽《なかそ》根康弘《ねやすひろ》行政管理庁長官に乞われて第二次臨時行政調査会会長として国家財政の再建に尽力した土光敏夫《どこうとしお》も、日蓮に導かれ『法華経《ほけきょう》』の熱心な信徒でした。毎朝四時に起床し、読経と唱題を務めてから出勤するのが日課でした。早朝から会議を開き、夜の宴会には縁がなく、休日は畑仕事に勤しみました。臨調会長として行政改革を進めていた当時、ＮＨＫテレビで土光の生活が紹介され、メザシを食べていた光景が紹介されたことで「メザシの土光」として広く知られました。

母・登美《とみ》も熱心な信者で、日蓮の男女平等思想を実現するべく、昭和十七年（１９４２）、横浜市鶴見区に「正しきものは強くあれ」の校訓を掲げ、橘女学校（橘学苑）を創設。土光も母の死後、遺志を継いで、学校経営に当たりました。

日本医師会のドン

武見太郎

1904〜1983年。日本医師会会長に昭和三十二年（1957）から同五十七年（1982）まで13期25年在籍、「日本医師会のドン」と呼ばれた。政治的な影響力も強く、医師代表として各種審議会に属し、医師の地位向上に尽力。予防医学を提唱。歯に衣着せぬ言動で厚生官僚と対決し、「ケンカ太郎」の異名をとった。防衛医科大学校の創設に尽力したほか、漢方薬の普及にも貢献した。

孤立を恐れぬ精神を日蓮の生き方から学んだ

「ケンカ太郎」として名をはせた日本医師会会長・武見太郎《たけみたろう》は、堀之内妙法寺《ほりのうちみょうほうじ》の第二十九世・武見日恕《にちじょ》の甥。日恕は茗谷《めいこく》学園という僧風寮の新設に尽力。帝国大学や有数の私立大学に通う将来の日蓮宗僧侶の信念教育に務め、石橋湛山《たんざん》や加藤文雅《ぶんが》らを輩出しました。その薫陶を受けた人材が近代日蓮宗を形成します。

太郎は開成《かいせい》中学三年生の時、腎臓を患い、二年間休学、その間、『法華経』に親しみました。日恕の影響を受け、回復した後も復学せず、慶應義塾中学普通部へ転校、そのまま医学部へと進みました。大学では仏教青年会を作り、日蓮や『法華経』を徹底的に学習、柴田一能《いちのう》の日蓮聖人讃仰会にも所属しました。

後年、日本医師会会長として活躍した際の座右の銘は「千万人といえども、われ往かん」。孤立を恐れない、日蓮の厳しい姿勢から学んだ「思想」でした。

日蓮の生涯　早わかり年表

和暦	西暦	天皇	院政	将軍	執権	事項	年齢
安元元	1175	高倉	後白河			源空（のちの法然）、浄土宗を開く。	
		安徳	高倉				
		後鳥羽	後白河	源頼朝			
建久九	1198	土御門	後鳥羽			法然が『選択本願念仏集』を著す。	
				源頼家	北条義時		
				源実朝			
建暦二	1212	順徳				法然没。	
承久三	1221	仲恭				日昭誕生。 承久の乱が起こる。	
			後高倉				
承久四	1222	後堀河				**日蓮、安房国小湊に誕生。**	一歳
元仁元	1224				北条泰時	親鸞、『教行信証』を著し、浄土真宗を開く。	三歳

天福元	1233	四条	後堀河	藤原頼経		日蓮、**清澄山に入山**。	十二歳
嘉禎三	1237					日蓮、道善房を師とする。**清澄寺で出家**。**鎌倉へ遊学**し、八宗・十宗を兼学。	十六歳
仁治三	1242	後嵯峨			北条経時	日蓮、清澄寺に戻る。その後、**奈良・京都・比叡山へ遊学**。	二十一歳
寛元三	1245			藤原頼嗣		日朗誕生。	二十四歳
寛元四	1246	後深草	後嵯峨		北条時頼	日興誕生。	二十五歳
建長二	1250					日持、これ以前に誕生。	二十九歳
建長四	1252			宗尊親王		日頂誕生。	三十一歳
建長五	1253					日蓮、**立教開宗**。地頭・東条景信や念仏信徒の攻撃から逃れ、松葉ケ谷に草庵を結ぶ。日昭、日蓮一門に入る。**この頃から、辻説法を始める**。日向誕生。	三十二歳
建長六	1254					この頃、日朗、日蓮一門に入る。	三十三歳
康元元	1256				北条長時	鎌倉で大洪水が起こる。	三十五歳
正嘉元	1257					鎌倉で大地震が何度か起こる。	三十六歳
正嘉二	1258					**日蓮、相次ぐ災難に疑問を抱き、経典を読む**。大風・洪水が起こる。疫病が流行し、飢饉が広がる。秋には大雨洪水、冬には地震・雷が発生。	三十七歳

和暦	西暦	天皇	院政	将軍	執権	事項	年齢
正元元	1259	亀山				『守護国家論』を著述。災難の原因は、謗法の罪にあるとする。	三十八歳
文応元	1260					**『立正安国論』を著述**。七月十六日、前執権の**北条時頼へ奏進**。八月二十七日、**松葉ケ谷法難**。鎌倉の草庵で念仏信徒の襲撃により焼討ちに遭う。	三十九歳
弘長元	1261					**伊豆流罪**。	四十歳
弘長二	1262					流罪先で、『四恩抄』『教機時国抄』などを著述。	四十一歳
弘長三	1263					**伊豆流罪を赦免**される。	四十二歳
文永元	1264				北条政村	誕生の地・安房国にて、病に伏した母を見舞う。十一月十一日、**小松原法難**。念仏信徒の東条景信の襲撃に遭い、眉間と腕に傷を負う。また、弟子を亡くす。	四十三歳
文永三	1266			惟康王		『法華題目抄』を著述。	四十五歳
文永五	1268				北条時宗	北条時宗や極楽寺忍性などに書状を送り諫暁を行う。蒙古からの国書が届く。	四十七歳
文永六	1269					**『立正安国論』を写す**。	四十八歳
文永八	1271					六月、雨乞いの祈祷で、良観房忍性と争う。九月十二日、忍性らの訴えにより幕府に捕らえられる。九月十三日、**龍口法難**。龍口刑場で首を切られそうになるが、光りものが現れ、難を逃れる。十月十日、**佐渡流罪**。十一月一日、佐渡の塚原三昧堂に入る。	五十歳
文永九	1272					二月、**『開目抄』を著述**。夏には、一谷《いちのさわ》へ移動する。	五十一歳

文永十	1273					四月、**『観心本尊抄』を著述**。 閏五月十一日、『顕仏未来記』を著述。その中で、 三国四師を表明。 七月、大曼荼羅を図顕する。	五十二歳
文永十一	1274	後宇多	亀山			二月、**佐渡流罪を赦免**。三月に佐渡を出発し鎌倉へ。 四月に平頼綱と面会し、蒙古襲来が近いことを述べる。 五月、**身延山に入山**する。 十月、蒙古襲来（文永の役）。	五十三歳
建治元	1275					四月、池上兄弟に『兄弟抄』を宛てる。 六月、**『撰時抄』を著述**。	五十四歳
建治二	1276					三月、若き日の師であった道善房、遷化。 七月、亡き道善房菩提のために**『報恩抄』を著述**。 弟子に墓前で読ませる。	五十五歳
建治三	1277					十一月、身延の草庵を修復。 十二月頃、**寒さにより体調を崩す**。	五十六歳
弘安二	1279					九月、**熱原法難**。駿河国熱原で、日蓮門下が襲撃される。	五十八歳
弘安三	1280					十二月、『諫暁八幡抄』を著述。	五十九歳
弘安四	1281					六月、蒙古襲来（弘安の役）。 十一月、身延山に十間四面の大堂が完成。 十二月、かねてからの体調不良が悪化する。	六十歳
弘安五	1282					九月八日、病気療養のために**身延山を下山**。常陸の湯に向かう。 九月十八日、武蔵国の池上宗仲の屋敷に到着。 十月十三日、池上の地で**入滅**。 二十五日、遺骨は身延山へ。	六十一歳

仏教用語（五十音順）

因行果徳《いんぎょうかとく》の二法《にほう》

「因行」は、仏と成る因としての菩薩《ぼさつ》の修行。「果徳」は、仏位を成就した仏の功徳《くどく》。日蓮は題目《だいもく》の「受持《じゅじ》」により久《く》遠釈尊《おんしゃくそん》の因行・果徳の二法の「譲与《じょうよ》」を説いた。

帰依《きえ》

自己の心身を投げ出して信奉すること。仏・法・僧（三宝）への帰依を三帰依という。

久遠実成

『法華経《ほけきょう》』如来寿量品《にょらいじゅりょうほん》で説かれる法門《ほうもん》。釈尊が遠い（久遠の）過去世に仏位を完成し、それ以来娑婆《しゃば》世界にあって人々を教化《きょうか》してきたことを説き表したこと。

功徳《くどく》

善根を修することによってその人に備わった徳性。仏は無量の功徳を備え、修行者は自ら積んだ功徳を他の人に振り向けようとする。

虚空蔵菩薩《こくうぞうぼさつ》

虚空のごとく無量の智慧《ちえ》や功徳を蔵する菩薩。明星《みょうじょう》はその化身ともされ、求聞持法《ぐもんじほう》の本尊でもある。

慈悲《じひ》

衆生《しゅじょう》を輪廻《りんね》の苦から解脱《げだつ》させる、仏の憐愍《れんびん》の心。智慧とともに仏教の基本的徳目。

釈迦《しゃか》

釈迦牟尼仏《むにぶつ》の略称。釈迦牟尼は釈迦族出身の聖者。釈迦牟尼世尊と仰がれることにちなみ、釈尊（世に尊ばれる釈迦牟尼仏）、仏陀《ぶっだ》釈尊、久遠釈尊とも表記する。釈迦族に生まれたゴータマ・シッダルタは、南方仏教の所伝では、二十九歳で出家《しゅっけ》、三十五歳で成道、インド各地で人々を導き八十歳で入滅《にゅうめつ》とされるが、日蓮は『大智度論《だいちどろん》』により十九歳で出家、三十歳で成道、八十歳で入滅とする。

地涌《じゆ》の菩薩

大地からわき出た多くの菩薩。『法華経』従地涌出品《じゅうじゆじゅっぽん》において、永遠なる真実の仏の弟子として末世に『法華経』を広めるために召し出された菩薩の総称。

衆生《しゅじょう》

多くの生きとし生けるもの。仏は、衆生は生死の海（迷いの世界）に沈んでいるが、すべて仏に成れる本性を持つとし、衆生を救済する（衆生済度）願いで臨んだ。

十界《じゅっかい》
迷える境地は地獄界・餓鬼《がき》界・畜生《ちくしょう》界・修羅《しゅら》界・人界・天界の六道《ろくどう》（六界）。悟れる境地は声聞《しょうもん》界・縁覚《えんがく》界・菩薩界・仏界の四聖《ししょう》界。「六界」と「四聖界」を合わせて十界。

題目《だいもく》
原意は『法華経』の表題。日蓮は『法華経』に帰依し、「南無妙法蓮華経《なむみょうほうれんげきょう》」の受持＝唱題によって「釈尊の因行と果徳の功徳」を譲与される唱題行を顕《あきら》かにし、「題目」受持の信仰が広められた。「名は自らの性を詮《せん》じ表す」といい、中国の天台大師《てんだいだいし》は妙法蓮華経の名に体・宗・用・教の五重玄義が内包されると説く。題目の信受はこれに基づく。

檀那《だんな》
「与えること」が原意。仏教信仰に基づいて布施《ふせ》をする人。仏教僧に対して布施を行う人。檀越《だんおつ》と呼ぶこともあるが、現在では檀家《だんか》と呼ばれることが多い。

智慧《ちえ》
真理を見極める認識力。『法華経』では仏陀釈尊の究極の智慧の重要性を説く。なお、そこに導き入れる方便力との相関が示される。

南無《なむ》
帰依すること。インドでは敬意を表するために身体を折り曲げる意味。「南無妙法蓮華経」の唱題。浄土教の「南無阿弥陀仏《あみだぶつ》」の称名の例がある。インドで「ナマステ」のあいさつの深意が浄化されたとも。

如来《にょらい》
修行を完成した真理の体現者。仏の十号のひとつ。あるがままの絶対の真理に従って現れた聖者。

菩薩《ぼさつ》
仏陀の境地を求めて道心を起こし修行する求道者。上に向かって菩提《ぼだい》を求め、下に向かって衆生を教化する仏の子。『法華経』は修行者すべてが菩薩道を求め発心《ほっしん》したと説く。

凡夫《ぼんぶ》
愚かな一般の人。仏教の教えを知らず、煩悩《ぼんのう》に悩まされ迷っている者。

無間地獄《むけんじごく》
激しい苦しみの絶えない極苦の地獄世界。八大地獄の最下層で七重の鉄城があり、銅が沸いて罪人を焚き殺す。五逆罪を犯した者、大乗を誹謗《ひぼう》した者が堕《お》ちる。

輪廻《りんね》
衆生が迷いの世界に生まれかわり死にかわり、車輪のようにとどまることがないこと。迷いの三界（欲界・色界・無色界）の六道（地獄・餓鬼・畜生・修羅・人間・天上）で生死をくり返すこと。

おわりに

日蓮（1222～1282）は決して一宗を立てることを念願したわけではありません。生涯をかけて仏教の真髄を明らかにし、困難多き汚濁の世を生きる人々に希望を与える仏陀釈尊《ぶっだしゃくそん》の願いを伝えることを念願しました。釈尊の使者であるという認識を深め、その境地を体験し、五十五歳のとき身延山《みのぶさん》で『報恩抄《ほうおんしょう》』を著して、「日蓮が慈悲曠大《じひこうだい》ならば南無妙法蓮華経《なむみょうほうれんげきょう》は万年のほか未来までもながるべし」と誌《しる》しました。

現実の娑婆《しゃば》世界で仏界の境地を譲り与えられること。「久遠《くおん》の仏陀釈尊の永遠の修行の過程」（因行《いんぎょう》）と「仏陀究極の境地に基づく導き」（果徳《かとく》）のすべては「南無妙法蓮華経」を受持《じゅじ》する当処において譲与されることを、『如来滅後五五百歳始観心本尊抄《にょらいめつごごごひゃくさいしかんじんほんぞんしょう》』（略して『観心本尊抄』）で「釈尊の因行果徳の二法は妙法蓮華経の五字に具足す。我等、此《こ》の五字を受持すれば、自然に彼の因果の功徳を譲り与えたまう」と開示しました。

遥かなる他方世界への往生《おうじょう》を願う仏教者に対し、日蓮は、本時（絶対時間）の娑婆世界に究極の浄土《じょうど》（仏土）を見、『観心本尊抄』で「今本時の娑婆世界は、三災（この世を揺るがす火災・水災・風災）を離れ、四劫《しこう》（成劫・住劫・壊《え》劫・空劫）を出でたる常住の浄土」であると示します。永遠の釈尊のまなざしに照らし出された常住の浄土を見るのです。

そうした願いと行動の出発は、相次ぐ天変地妖《ちよう》・飢饉疫癘《えきれい》に苦悩する鎌倉幕府の前執《しっ》権《けん》・北条時頼《ほうじょうときより》（出家して最明寺時頼《さいみょうじ》）に対する『立正安国論《りっしょうあんこくろん》』の奏進にあります。「汝《なんじ》早く信仰の寸心《すんしん》を改めて、速やかに実乗《じつじょう》の一善に帰せよ！」と、現実を直視して『法華経《ほけきょう》』の示す真実の仏の教えに目覚めるよう諫《いさ》めたのは、三十九歳の時です。

日蓮はくり返し、慈悲の心が募ればこそ厳しい諫めをする趣旨を述べています。はたして日蓮を信奉する人々の多くは、苦難に陥ったとき、苦難を乗り越えるとともに釈尊の慈悲を確信しています。近代においても、土光敏夫《どこうとしお》（故・経団連会長）は困難と真正面にぶつかって組織の活路を開き、石橋湛山《いしばしたんざん》（第五十五代首相）も現実に立脚した思想に基づいた経済や政治の道筋を展望しました。実にさまざまな方々が、日蓮を信奉して困難を乗り越え、人生を切り開いたのです。

批判は嫌悪されがちです。慈悲の心を基とするとはいえ、批判の対象とされた側からすれば許し難いもの。「四箇格言《しかかくげん》」（念仏無間《ねんぶつむけん》・禅天魔《ぜんてんま》・真言亡国《しんごんぼうこく》・律国賊《りっこくぞく》）がひとり歩きして、日蓮に対する独特の感情をも生み出している面もありましょう。実はそれぞれの段階の批判が集められて四箇格言の成語となっていることに留意する必要があります。

本書の監修者として、多くの方々に日蓮の真実に接していただきたいと願うところです。本書が完成するまで実に多くの方々の御協力をいただきました。またその間、無理な注文をお願いしました。ご協力いただいた皆様に心から感謝いたします。

本書を機縁として、日蓮の真実に触れていただけるならばまことに幸甚です。

監修者　渡辺　宝陽

渡辺宝陽（わたなべ　ほうよう）

昭和8（1933）年、東京都生まれ。立正大学大学院文学研究科博士課程修了。元立正大学学長。現在、立正大学名誉教授。文学博士。法立寺前住職。著書は、『法華経・久遠の救い』『ブッダ永遠のいのちを説く』（ともにＮＨＫ出版）、『日蓮宗信行論の研究』（平楽寺書店）、『日蓮仏教論　その基調をなすもの』（春秋社）、『われら仏の子　法華経』（中央公論新社）、『日蓮宗　わが家の宗教』（大法輪閣）、『あなただけの日蓮聖人』（小学館）など多数。

装幀　石川直美（カメガイ デザイン オフィス）
本文漫画　桂遊生丸
本文イラスト　中村知史
本文デザイン　牧野亮（スタイルアール） PUSH
ＤＴＰ　中央制作社
編集協力　ヴュー企画（池上直哉　中尾貴子　柳澤みの里）
協力　木村中一（身延山大学講師） 岡林秀明
編集　鈴木恵美（幻冬舎）

知識ゼロからの日蓮入門

2011年6月10日　第１刷発行

監修者　渡辺宝陽
発行人　見城　徹
編集人　福島広司

発行所　株式会社 幻冬舎
〒151-0051　東京都渋谷区千駄ヶ谷4-9-7
電話　03-5411-6211（編集）　03-5411-6222（営業）
振替　00120-8-767643
印刷・製本所　図書印刷株式会社

検印廃止

ISBN978-4-344-90223-7 C2095
Printed in Japan
幻冬舎ホームページアドレス　http://www.gentosha.co.jp/
この本に関するご意見・ご感想をメールでお寄せいただく場合は、comment@gentosha.co.jpまで。